Die gesetzliche Erbfolge nach Lübschem Rechte

entworfen

vom

Professor Mehlen
zu Greifswald.

Stralsund und Greifswald,
bey Gottlieb August Lange,
1798.

Sr. Excellenz

dem Hochgebohrnen Herrn,

Herrn

Philipp Julius Bernhard Freyherrn von Platen,

Einem der Herren des Reichs,

General Gouverneur des Herzogthums
Pommern und Fürstenthums
Rügen,

der Königlichen Academie zu Greifswald
Canzler,

General der Cavallerie,

Ritter und Commandeur aller Königl. Orden,

wie auch

Ritter vom großen Kreuz des Königl.
Schwerdt Ordens

Seinem gnädigen Herrn,

zur Bezeugung

der tiefsten Devotion

gewidmet

vom

Verfasser.

Vorrede.

Die so wichtige und interessante Lehre von der gesetzlichen Erbfolge nach Lübschem Rechte wird bekanntlich für eine der schwersten und verwickeltsten gehalten. Auch die Entscheidung der dabey vorkommenden verschiedenen Theilungsfälle ist, wie unter andern Caroc in der Geschichte des Lübschen Rechts bemerkt, nicht geringen Schwierigkeiten unterworfen.

Dies veranlaßte den gegenwärtigen Versuch, in dessen erstem Abschnitte von der bey der Lübeckischen Erbfolge vorausgesetzten ehelichen Gütergemeinschaft und Absonderung der Kinder, im zweyten Abschnitt aber von der Erbfolge selbst, und zwar zuvörderst von der Succeßion der Ehegatten und hienächst von der Erbfolge der nächsten Blutsfreunde gehandelt worden ist.

Die Succeßion der nächsten Blutsfreunde und Intestaterben ist nach den in dem Lübschen Recht ausdrücklich festgesetzten acht Classen vorgetragen worden, da dies dem Geiste des Statuts am mehrsten angemessen zu seyn scheinet.

Beiläufig wird sich noch aus einer zum §. 10. gemachten Anmerkung ergeben, daß das Lübsche Recht außerhalb Lübeck in mehr, als neunzig Städten und den dazu gehörigen Stadtgütern und Ländereyen angenommen worden. Auch hat kein einziges deutsches Statut und Stadtrecht auswärts sich einer so günstigen Aufnahme zu erfreuen gehabt, wie eben das Lübsche. Uebrigens ist es, wie schon mehrere bemerkt haben, eines der wichtigsten und vortreflichsten deutschen Statutarrechte, welches auch,

wenn

wenn dessen Vorschriften genau beobachtet werden, den Flor der Städte nicht wenig befördert, dem Handel sehr günstig, und bey der Cultur des deutschen Rechts von vorzüglichem Nutzen ist (1).

Zu bedauern ist es nur, daß die einzelnen academischen Streitschriften, worin so mancher Gegenstand des Lübschen Rechts vorzüglich gut abgehandelt ist, so schwer, und, da sie nicht in den Buchhandel kommen, zum Theil fast gar nicht zu erhalten sind, wiewohl diesem Mangel durch den

(1) *A. D. Gütschow* diss. declarans speciminibus quibusdam studia Lubecensium promovendi commercia, inprimis nomothesiae auxilio. Götting. 1788. in (Langemacks) collect. dissertat. jus Lubecense illustrant. Lips. 1793. n. 1. *H. Balemann* diss. de femina ex antiquitatibus Legibusque Romanis, Germanicis, et praesertim Lubecensibus. Altorf. 1756. in praefat. add. *C. F. Walch.* de usu et praestantia reformationis Francofordiensis in jure Germanico. in *Ej.* opusc. Tom. 3. Halae 1793. 4. S. 73.

von dem Hn. Doctor Gesterding herausgegebenen thesaurum juris Lubecensis (1787. 1790.) und durch die (Langemackische) collectionem dissertationum jus Lubecense illustrantium (1793.) zum Theil abgeholfen ist und noch mehr abgeholfen werden würde, wenn es, wie sehr zu wünschen ist, diesen Männern gefällig seyn sollte, jene mit Beyfall aufgenommenen Werke fortzusetzen.

Die angeführte Waisengerichts-Ordnung der Stadt Stralsund ist in dem vom Hn. Canzleyrath Gadebusch herausgegebenen zweyten Supplementenbande der Pommerschen Landesconstitutionen, welcher die Städtischen Verordnungen enthält, (S. 1088.) befindlich.

Greifswald, im September 1797.

F. A. Mehlen, Dr.

Inhalt.

Inhalt.

1) Von der Gütergemeinschaft und Absonderung der Kinder.

a) v. d. Gütergemeinschaft unter Eheleuten. §. 1. S. 1.

Die vermöge der Gemeinschaft zustehende Succeßion fängt mit der Ehe an. §. 2. S. 5.

b) V. d. Absonderung der Kinder. §. 3. S. 7.

1) v. d. Theilung und Ausspruch. §. 4. S. 8.

2) Begrif und Eintheilung der Absonderung. §. 5. S. 10.

3) Grundsätze von der Absonderung; sie geschiehet

I. mit Einwilligung der Interessenten; und hebt

II. Die Gütergemeinschaft und die vermöge derselben zustehende Succeßion auf; §. 6. S. 14.

III. sie muß von dem ganzen gemeinschaftl. Vermögen geschehen; und nur die gänzliche Absonderung ist nach L. R. eine wahre Absonderung.

IV) Die Größe des Ausspruchs beruhet auf die Einwilligung der Interessenten. §. 7. S. 17.

4) Rechtliche Würkung der Absonderung. §. 8. S. 22.

5) Vom Beweise der geschehenen Absonderung. §. 9. S. 23.

II) Von d. gesetzl. Erbfolge nach L. R.

A. V. d. Erbschaft und Erbfolge; Heergewette und Gerade. §. 10. S. 29.

B. V. d. Theilung der Erbschaft. §. 11. S. 34.

C. V. d. gesetzl. Erbfolge der Ehegatten. §. 12. S. 37.

1) wenn die Ehe beerbt ist. §. 13. S. 39.

2) wenn d. Ehe unbeerbt ist. §. 14. 15. 16. S. 41.

D. V. d. gesetzl. Erbfolge der Blutsverwandten. Acht Classen derselben. §. 17. S. 48.

a) 1. und 2te Classe der Descendenten. §. 18. S. 54.

α) Succeßion der unabgefundenen Kinder mit einem von ihren Eltern. §. 19. S. 56.

I. Der längstlebende Ehegatte behält, so lange er im Witwenstande bleibt, den Besitz und Genuß der gemeinschaftlichen Güter, und ist

a) zu keiner Totaltheilung verbunden. §. 20. S. 59.

b) eine particulaire Theilung hingegen kann

1. ein mündiges, und
2. ein sich verheiratendes Kind verlangen. §. 21. S. 62.

II. Der überlebende Ehegatte muß, wenn er zur andern Ehe schreitet,

A) in der Regel, — wenn nicht dispensiret ist, — eine Totaltheilung vornehmen. §. 22. S. 64.
Insonderheit auch in dem Fall, wenn er nach dem Ableben seines Ehegatten seinen Wohnsitz verändert und sich unter L. R. begiebt, jedoch vorher zu theilen verbunden war. §. 23. S. 68.

Grundsätze von der Totaltheilung;

1. sie geht

a) auf das ganze gemeinschaftliche Vermögen. §. 24. S. 70.

b) auch auf die während des Witwenstandes v. dem Witwer erworbenen Güter, §. 25. S. 72.

2.

2. Bey derselben sieht man blos auf die Zeit der Theilung. §. 26. S. 74.

3. Es muß ein Inventarium über das ganze Vermögen errichtet werden. §. 27. S. 27.

Können die Interessenten sich wegen der Taxe nicht vereinigen, so findet die Subhastation statt. S. 81. n. 2. und S. 134.

B) Mit Einwilligung der Interessenten kann eine particulaire Theilung geschehen, und diese ist an manchen Orten die gewöhnliche und geschiehet in der Regel gerichtlich. §. 28. S. 83. 145. 152. 154.

III. Ist ein Ehegatte ohne Theilung zur andern Ehe geschritten, so verliehret er

a) seine statutarische Portion. §. 29. S. 90.

b) und nach seinem Ableben kommt blos sein eigenes Vermögen zur Theilung; §. 30. S. 92.

1. war er beerbt, so succediren ihm seine sämmtlichen unabgefundenen Kinder erster und anderer Ehe, mit seinem zweiten überlebenden Ehegatten, nach den Köpfen.

2. war er unbeerbt: so fällt an seine Kinder erster Ehe die Hälfte seines Nachlasses; die andre Hälfte an seinen überlebenden zweiten unbeerbten Ehegatten;

IV. Hat ein Ehegatte bei seiner anderweitigen Verheiratung eine particulaire Theilung vorgenommen; so verlieret er seine statutarische Portion nicht, und seinen Nachlaß theilen seine Kinder erster und anderer Ehe mit seinem überlebenden Ehegatten zu gleichen Theilen. §. 31. S. 95.

β) Succeßion der abgefundenen Kinder, wenn keine unabgefundene Kinder erster und anderer Ehe vorhanden sind. §. 32. S. 97. Insonderheit wenn abgefundene Kinder aus mehrern Ehen vorhanden sind, und die lezte Ehe unbeerbt, auch bei der Abfindung kein Vertrag wegen der künftigen Succession geschlossen ist. §. 33. S. 98.

b) 3te Classe der vollbürtigen Geschwister und deren Söhne und Töchter. §. 34. 35. S. 101.

1. der Verstorbene muß völlig abgefunden gewesen seyn. §. 36. S. 107.

2. V. d. Succeßion der Geschwister, wenn bei der zweiten Ehe ihres Vaters oder Mutter, die Theilung unterblieben war. §. 37. S. 108.

c) 4te Classe des Vaters und der Mutter eines abgefundenen Kindes. §. 38. S. 110.

1. Es wird hier eine gänzliche Absonderung vorausgesetzet. §. 39. S. 112.

2. Ist eine particulaire Abfindung geschehen, so succediret der Vater und die Mutter, vermöge der Gütergemeinschaft, mit Ausschluß der Geschwister; wofern

3. bei dem Ausspruch nicht ein anderes verabredet ist. §. 40. S. 115.

d) 5te Classe der Halbgeschwister und deren Söhne und Töchter. §. 41. S. 119.

1. Halbgeschwister und deren Kinder ersten Grades gehen den Erben der folgenden Classen vor, mithin dem Grosvater der 6sten Classe; dem Vaterbruder der 7ten Classe; und des Vatersbrüderkindern der 8ten Classe. §. 42. S. 120.

2. Unabgefundene Halbgeschwister und Halbgeschwisterkinder eines verstorbenen Unabgefundenen gehen den abgefundenen vollbürtigen Geschwistern und deren Kindern vor; jedoch nicht den unabgefundenen vollbürtigen Geschwistern und Geschwisterkindern eines verstorbenen Unabgefundenen. §. 43. S. 123.

e) 6ste Classe. Der Großvater. §. 44. S. 129.

f) 7te Classe. Der Vaterbruder. §. 45. S. 130.

g) 8te Classe. Vaterbruderkinder. §. 46. S. 131.

h) Weitere gesetzliche Erbfolge der Seitenverwandten; sie ist

1. nicht auf gewisse Grade eingeschränkt, sondern geht ins Unendliche. §. 47. S. 133.

2. Der Nähere schließt den Entferntern aus; so, daß

a) weder auf das Repraesentationsrecht, — welches nur bey Geschwisterkindern statt findet, —

b) noch auf den Vorzug der vollen Geburt vor der halben, — welcher nur bey Geschwistern und deren Söhnen und Töchtern eintritt, — Rücksicht genommen wird. §. 48. S. 136.

E. Succeßion des Fiscus. §. 49. 50. S. 139.

F. V. d. Antretung und Verweigerung der Erbschaft; und vom Bergen und Dachdingsauftragen. §. 51. S. 140.

Anhang.

Anhang.

I. II) Herzogl. Mecklenb. Verordnung d. d. Schwerin, den 3. May und 12 Junius 1765., daß die in den Städten wohnenden Schutzjuden in Schuldsachen und Concursfällen nach dem daselbst geltenden Lübschen Rechte zu behandeln. (zum §. 1.) S. 143.

III. IV. V. VIII) Inventations- und Theilungs Protocolle. S. 145. 170.

VI) Vergleich wegen der statutarischen Portion einer unbeerbten Witwe. S. 159.

VII) Rechtliches Erkenntniß, die Theilung des vålichen Nachlaßes betreffend. S. 163.

Einige Zusätze. S. 174.

I. Abschnitt.

Von der Gütergemeinschaft und Absonderung der Kinder nach Lübschem Rechte.

Klefeker von der Lübeckischen Gütergemeinschaft; in der Sammlung der Hamburgischen Gesetze und Verfassungen. 4. Theil 1767. S. 90-97.

C. F. *Walch* d. de discrimine bonorum uxoriorum jure Rostochiensi (et Lubecensi) sublato.

H. G. *Büneckau* de separatione liberorum ex jure germanico, cum primis Lubecensi.

Ej. biblioth. jur. Lubec. p. 55. 104.

§. 1.

a) Von der Gütergemeinschaft unter Eheleuten.

Nach Lübschem Rechte findet bekanntlich unter Eheleuten eine allgemeine Gütergemeinschaft statt, die jedoch, nachdem die Ehe beerbt, oder unbeerbt ist, eine vollkommne, oder unvollkommne

 seyn

seyn kann, (*plena* et legitima; *minus plena* seu anomala, minor, restricta quoad effectus quosdam.) (1).

Vollkommen ist diese Gemeinschaft, wenn Kinder aus eben der Ehe, in welcher die Ehegatten mit einander leben, vorhanden sind; (2) hingegen unvollkommen ist sie, wenn die Ehe unbeerbt ist; mithin wenn die Eheleute niemalen Kinder mit einander erzeugt haben, oder wenn die Kinder wieder gestorben sind. (3).

Der Beweis der Gütergemeinschaft überhaupt liegt in den Verordnungen, deren Grund die Gütergemeinschaft ist, und welche eine Gemeinschaft voraussetzen. Merkwürdig ist die hieher gehörige Verordnung des Lübschen Rechts:

„Wird ein Mann wegen Schulden flüchtig, und hat Kinder mit seinem Weibe: so soll die Schuld von beiderseitigem Gute (des Mannes und Weibes) bezahlt werden. Haben sie hingegen keine Kinder mit einander: so nimmt die Frau ihr Eingebrachtes zum voraus, und von dem andern Gute zahlet man die Schuld.“ (4).

Die Würkung und Folge der vollkommnen Gütergemeinschaft, — nemlich die Verbindlichkeit des einen Ehegatten für des andern Schulden in solidum zu haften, — mithin die Gemeinschaft selbst, tritt also ein, wenn die Ehe beerbt ist, und fällt weg, wenn die Ehe unbeerbt ist; indem

dem die unbeerbte Ehefrau, wenn der Mann wegen Schulden flüchtig wird, ihre eignen Güter nicht nur zurück erhält, sondern auch so gar vorweg nimmt und die Schulden des Mannes blos aus seinen Gütern bezahlt werden müssen. (5).

(1) Klefeker c. l. IV 90. f. *Balemann* de feminina. S. 204. *Bünekau* de separat. liberor. §. 1. *Brokes* obs. 581. Dreyers Einleitung zur Kenntniß der Lübeck. Verordn. S. 290. *Mev.* I. 5. art. 5. n. 15. 30. 31. und II. 2. art. 12. n 21. *Cothmann* Vol. 4. Resp. 24 n. 7. und 19. vol 3. Resp 19. n. 50. *Hoffmann* de commun bonor conj § 67. *Dorn* problema j Lubec. quaenam sit ratio, ut communio aeris alieni inter conjuges existat etc. Diese und die schätzbare Bünekauische Abhandlung de separat. liberor. sind in des Hrn. D. Gesterdings thesauro juris Lubecensis I. 242. und II. 461. befindlich.

Von der in den Pommerschen, Mecklenburgischen und andern mit Lübschem Recht bewidmeten Städten geltenden Gütergemeinschaft des L. R. weicht die in den Mecklenburg Strelitzischen Städten (Neu Strelitz, Neu Brandenburg, Friedland, Woldeck, Alt Strelitz, Fürstenberg, Wesenberg, Stargard) vorkommende allgemeine Gütergemeinschaft in einigen Puncten ab, obgleich sie im Ganzen mit der Lübeckischen G. Gemeinschaft übereinkommt. von Campz Beyträge zum Mecklenb. St. u. privat. R. 2 B. 1798. S. 199. „Ueber die in dem Mecklenburg = Stargardischen Kreise geltende eheliche Gütergemeinschaft." Vergl. von Balthasar v. d. in d.

Pom. u. Mecklenb. Städten geltenden Lübschen Rechte S. 120. f.

Unter den Schutz-Juden, die sich in den Mecklenburg-Schwerinschen Städten, wo L. R. gilt, aufhalten und der Städtschen Jurisdiction unterworfen sind, gilt zu Folge der Herzogl. Verordnungen d. d. Schwerin den 3. May und den 12. Junius 1765. die Lübeckische Gütergemeinschaft und im Fall eines Concurses muß die Frau die Schulden des Mannes mit bezahlen.

Im Mecklenburg-Strelitzischen ist die Gütergemeinschaft auch auf die in dem Dominial-Flecken Mirow wohnende Juden erstreckt worden. H. Verordn. vom 18. Sept. 1771. und Jüdische Ehefrauen können im Fall eines Concurses ihre Illata nicht zurückfordern. von Campz c. l.

In hiesigen Landen sind hierüber keine ausdrückliche Verordnungen vorhanden. Da indessen die in den Städten wohnenden Schutz-Juden nach dem Patent vom 7 October 1777. der städtischen Jurisdiction unterworfen sind, so dürfte auch ohne Zweifel im Fall eines Concurses das L. R. Anwendung finden. Dähnerts L. C. 2 Suppl. S. 510. n. 8.

(2) Ob unabgefundene Kinder schon bei Lebzeiten ihrer Eltern an der ehelichen Gütergemeinschaft Theil nehmen, untersucht *Büneckau* c. l. §. 1. Vergl. *Amsink* de succ. liberor. S. 21. *Westlbus* de comm. bon. §. 28. *Behrmann* de j. et obl. matris tutricis circa administrat. bon. §. 12.

(3) Dreyers Einleitung S. 293. Not. 11. Steins Abh. des L. R. I. §. 115. Hofmanns Eherecht §. 78.

(4) L. R. I. 5. art. 7. add. I. 5. art. 6. 7. u. II. 2. art. 26. 28. 30. ibi: „gesammten Gut; gemeinen Gut. *Mev.* I. 5. art. 7. *C. F. Walch* de discrimine bon. uxor. Sect. 2. §. 5. 6. 7. C. G. Gmelin Ordnung der Gläubiger 1793. S. 165. und dessen Diss. de Obligatione uxoris ad solvenda debita a conjugibus contracta. Tub. 1785. *I. B. Engelbrecht* de mutuo conjugum concursu ad solvendum aes alienum ab alterutro ante nuptias conflatum; in Gesterdings thes. j. Lub. I. 287. Vergl. Winckler über das Rechtsmittel der Wiedereinsetzung in den vorigen Stand gegen die eheliche Gütergemeinschaft. Leipz. 1797. §. 9.

Zu Wolgast und Anclam, wo sonst das L. R. gilt, ist die beerbte Frau zur Bezahlung der Schulden ihres Mannes nicht verbunden und das L. R. wird dorten in Ansehung dieses Puncts nicht beobachtet. *Helvig* de non usu j. Lubec. in Pomerania.

(5) Sie hat auch deshalb ein Retentions-Recht. L. R. I. 5. art. 13. *Cocceii* de succ. ab int. c. 8. p. 47. — L. R. III. 1. art. 9. *Walch* c. l. §. 8. *Balemann* c. l. S. 205.

§. 2.

Die Gütergemeinschaft und die vermöge derselben zustehende Succeßion nimmt mit dem Eintritt in die Ehe ihren Anfang.

Die eheliche Gütergemeinschaft, so wie die Vormundschaft des Mannes über seine Frau, fängt von Zeit der vollzogenen Ehe, oder von der Beschreitung des Ehebettes an. (1) Doch ist dies nur eine annoch unvollkommene Gemeinschaft, die so lange unvollkommen bleibt, als der Zweck der Ehe noch nicht erreicht ist. Indessen hat doch diese Art der Gemeinschaft verschiedene Wirkungen. (2).

Das Recht der Ehegatten, vermöge der Gütergemeinschaft sich einander zu succediren, nimmt gleichfalls mit dem Eintritt in die Ehe seinen Anfang. (3) Die Braut hat kein Recht ihrem verstorbenen Bräutigam zu succediren. (4) Der überlebende unbeerbte Ehegatte erhält indessen nur die Hälfte des Nachlasses des verstorbenen Ehegatten, als statutarische Portion. Der beerbte Ehegatte hingegen bleibt nach dem Ableben seines Ehegatten in dem Besitz des ganzen gemeinschaftlichen Vermögens, bis der Fall einer gesetzlichen Theilung eintritt, da sodann dem Ueberlebenden die Hälfte des ganzen gemeinschaftlichen Vermögens, den unabgefundenen Kindern aber die andre Hälfte zufällt. (5).

(1) Nach der Pommerschen Praxi ist es hinlänglich, daß die priesterliche Trauung geschehen ist. Die Beschreitung des Ehebettes ist dazu nicht erforderlich. *Mev.* II. 2. art. 12. n. 257. f. von Balthasar de succ. ab int. S. 74.
Auch die Mecklenburg-Stargardsche Gütergemeinschaft fängt schon mit der Ehe an; folglich mit der priesterlichen Einsegnung, ohne daß

daß es dazu, wie nach Lübschem Rechte, der Beschreitung des Ehebettes bedürfte. von Campß Beyträge z. Mecklenb. St. und priv. R. II. S. 244.

(2) Klefeker c. l. IV. S. 113. 116. 713. „So haftet z. B. eine unbeerbte Ehefrau im Fall eines Concurses nicht für die Schulden des Mannes. Allein dem ohngeachtet hat er vermöge der allgemeinen Gütergemeinschaft und ehelichen Vormundschaft, so lange sie die Gütergemeinschaft nicht aufruft, die Befugniß, ihre Güter zu verpfänden und zu veräußern." Stein II. §. 125. S. 177.

(3) von Balthasar c. l. S. 74.

(4) Cf. *Mantzel* Ius Meckl. et Lubec. illustrat. cent. 4. S. 186. *C. G. Hoffmann* de commun. bon. §. 4. *C. Nettelbladt* de portione statutaria S. 66. 91.

(5) Klefeker IV. 92. 95. 712. „Aus der Gütergemeinschaft rühren auch die portionis statutariae Lubecensis her; die in dem L. R. noch mehr gesetzlich confirmirt worden." Dreyer c. l. *Reinharth* obs. ad Christin. I. obs. 63. Vergl. *Gütschow* de studiis Lubecens. 1788. §. 12.

§. 3.

b) Von der Absonderung der Kinder.

Die Gütergemeinschaft wird durch die Theilung und Abfindung oder Absonderung der Kinder aufgehoben. (1) Die Aufhebung der Gemeinschaft ist entweder eine nothwendige, oder freywillige. Die nothwendige und gesetzliche Theilung

lung ist die, welche in gewissen Fällen nach den Gesetzen geschehen muß, wenn nemlich der überlebende Ehegatte zur andern Ehe schreiten, (2) oder in ein Kloster gehen will, (3) oder verschwenderisch zu leben anfängt. (4) Ist keiner von diesen Theilungsfällen vorhanden, so hängt die Theilung und Aufhebung der Gemeinschaft von dem freyen Willen der Eltern ab. (5).

(1) *Mev.* II. 2. art. 33. n. 1. u. art. 2. n. 4. Westphals teutsches Privatrecht. 2. Th. Abh. 46.

Von der mit der Succeßion in Verbindung stehenden Theilung und Abfindung der Kinder wird im 2. Buch, 2. Titel des Lübschen Rechts, und von lezterer wird hauptsächlich in art. 33. dieses Titels gehandelt. — *Mev.* II. 2. ad rubr. n. 4. 5.

(2) L. R. II. 2. art. 29.

(3) L. R. 2. 2. art. 8.

(4) arg. II. 2. art. 21.

(5) *Büneckau* de sep. lib. §. 5.

§. 4.

Bey der würklichen Theilung würde das ganze gemeinschaftliche Vermögen in zwey Theile getheilt und den Kindern der halbe Theil gegeben werden müssen. (1) Es steht indessen den Eltern nach den Gesetzen frey, entweder I. statt der Hälfte von allen Gütern, ihren Kindern einen andern angemessenen und mit gemeinschaftlicher

Be-

Beliebung zu bestimmenden Theil zu geben, und sie dadurch von der Gemeinschaft ganz auszuschliessen, oder abzusondern; oder II. statt dieser Absonderung blos zu versprechen, den statt der Hälfte von allen Gütern mit gemeinschaftlicher Beliebung bestimmten Theil ihren Kindern künftig aushändigen oder bezahlen zu wollen, mithin sich blos für Schuldner dieses bestimmten Theils zu erklären. Hier geschiehet also nur ein Ausspruch, (assignatio) und der mit gemeinschaftlicher Beliebung festgesetzte Theil wird nicht würklich übergeben und ausgezahlt, sondern blos versprochen. (2).

Die Absonderung der Kinder, wodurch die Gütergemeinschaft zwischen Eltern und Kindern aufgehoben wird, heißt auch: Abfindung, Abtheilung, Abschichtung, Abscheidung; (abdicatio, segregatio,) und die Kinder heissen: abgesonderte, abgefundene, abgetheilte, abgeschiedene, (dissortes), wenn sie von allem Gute der Eltern, väterlichen und mütterlichen, sowohl von dem Lebendigen als Verstorbenen, gänzlich abgetheilet und abgefunden sind. (3) Im Gegentheil sind sie nach Lübschem Rechte unabgefundene, ungeschiedene, ungetheilte Kinder; die noch in der Wehre sind, d. h. die mit ihren Eltern in Gemeinschaft leben (4).

(1) Theilen heißt das Vermögen in zwey Theile theilen. *Cocceii* discurs. de succ. S. 4.

(2) Stein II. S. 312. *Büneckau* c. l. §. 5. *Brokes* obs. 353. 354. „Für die unmündigen

Kinder wird besser gesorgt, wenn sie nur einen Ausspruch erhalten, als wenn ihnen ihr Antheil würklich gegeben wird. Auch den Eltern ist der Ausspruch zuträglichlicher, da sie in dem gemeinschaftlichen Vermögen zum Nutzen der ganzen Familie sich leichter erhalten können. Eben so sehr ist dem Publikum, zur Erhaltung des bürgerlichen Wesens, daran gelegen, daß nicht sofort alle Güter getheilt und eine wohlgestandene Nahrung nicht auf einmal zu Grunde gerichtet werde."

(3) L. R. II. 2. art. 33.

(4) L. R. I. 5. art. 1. II. 1. art. 3. 6. 8. 33. *Cothmann* vol. I. R. 5. n. 18. Krohn von dem Vorrechte der vollen Geburt vor der halben in Erbschaftsfällen. Leipzig 1748. I Th. S. 139.

§. 5.

Die Absonderung der Kinder ist also nach Lübschem Rechte die Handlung, wodurch die Kinder von den Eltern, mit Genehmigung derjenigen, welche ein Interesse dabey haben, mittelst Bestimmung eines gewissen Theils aus dem gemeinschaftlichen Vermögen, von der Gütergemeinschaft ausgeschlossen werden.

Die Absonderung an sich betrachtet ist mithin keine Aufhebung der väterlichen Gewalt (1), sondern blos eine Ausschließung der Kinder von der Gütergemeinschaft. Zufälligerweise kann jedoch mit selbiger zugleich die väterliche Gewalt auf-

aufgehoben werden, wenn der abgefundene Sohn seine eigene Wirthschaft anstellet, oder die abgefundene Tochter sich verheurathet; da durch die Anstellung einer eigenen Wirthschaft die väterliche Gewalt aufgehoben wird.

Die Absonderung ist I. eine nothwendige, oder freywillige. Die nothwendige kann niemahlen bey Lebzeiten beider Eltern, sondern nur dann eintreten, wenn einer von den Eltern gestorben und zugleich ein gesetzlicher Grund zu solcher Absonderung vorhanden ist; indem nemlich der überlebende Ehegatte sich wieder verheurathen (2), oder in ein Kloster gehen will, oder verschwenderisch zu leben anfängt, mithin in Ansehung der Kinder ein Nachtheil aus der Fortsetzung der Gemeinschaft zu besorgen ist.

II. Die freywillige Absonderung, — die sowohl bey Lebzeiten beyder Eltern, als auch nach dem Ableben eines derselben geschehen kann, (3) — ist entweder eine testamentarische, oder vertragsmäßige (testamentaria; conventionalis). Jene geschiehet vom Vater im Testament (4). Zur vertragsmäßigen gehöret der Fall, wenn ein Kind bey der Heurath, in der Absicht es abzufinden, von den Eltern, oder von dem überlebenden Vater oder Mutter ausgestattet, und das Gegebene in dieser Absicht, sich hiemit abfinden zu lassen, angenommen wird.

III. Die Absonderung, — sie sey eine nothwendige, oder freywillige, — kann gerichtlich

oder

oder außergerichtlich geschehen (judicialis, s. solennis; extrajudicialis s. minus solennis). (5).

Ordentlicherweise muß sie vor dem Rath mit Einwilligung der Kinder oder deren Vormünder geschehen und vom Rath bestätiget werden; (6) sie hat sodann vollkommne rechtliche Würkung (6) und es findet gegen selbige, keine Wiedereinsetzung in den vorigen Stand statt, wenn sie mittelst Zuziehung der vom Rath bestellten Vormünder gehörig geschehen ist (7).

(1) Anderer Meinung ist Thomasius, Heineccius, de Senckenberg, de Pufendorf. I. Obs. 98. §. 7.

(2) *Cothmann* Vol. 3. Resp. 9. n. 12. und Resp. 19. n. 17. sq.

(3) *Cocceii* de succ. ab int. c. 5. S. 26. L. R. II. 2. art. 33. „Würden Eltern, so beyde im Leben, ihre Kinder alle, oder etliche von sich absondern." — II. 2. a. 34. u. I. 5. art. 1; II. 2. art. 29. „Ein Mann der mit seinen Kindern theilen will, wenn er kein Weib hat, — das mögen sie wohl thun." Auch die überlebende Mutter, kann theilen, wenn sie will, und was im art. 29. von dem Manne gesagt wird, läßt sich auch auf die Frau anwenden. *Hellfeld* diss convenient. j. Lubec. cum LL. Westph. et Susat. §. 16. 25. Vergl. *Mev.* II. 2. art. 29. n. 5. u. II. 2. art. 8. n. 87. „Cum ratio diversitatis non apparet, non est constituenda inter maritum et uxorem diversitas" — Die freywillige Absonderung kommt vor bey der Verheurathung der Kinder, oder sonstigen

Aus-

Ausstattung derselben beym Leben der Eltern, wenn sie z. B. zu ihren eigenem Hause kommen, und sich darüber gütlich vereinigen. Klefeker Sammlung der Hamb. GG. 4. Th. S. 531. Stein II. §. 239. u. 243. S. 327.

(4) L. R. II. 1. art. 6. „Würde er die Mutter mit bescheidenem Gute von den Kindern abtheilen: so soll sie behalten, was er ihr gegeben hat, und sie soll also von den Kindern abgetheilet seyn. *Büneckau* c. l. §. 11. 12.

5) L. R. II. 2. art. 31. „Welcher Ausspruch ordentlicher Weise vor dem Rath nicht geschehen."

Von der außergerichtlichen Absonderung, s. *Mev.* II. 2. art. 33. n. 29. 30. *Stryck* de succ. ab int. D. I. c. 4. §. 23.

(6) L. R. II. 2. art. 31. „Ist der Ausspruch ordentlicher Weise vor dem Rath nicht geschehen; stirbt dann der Mann und die Frau ist ihm nicht beerbt und Irrung sich erhoben, ob die Kinder mit ihrem Ausspruch, oder die Frau mit ihrem Brautschatz in des Mannes Gütern soll vorgezogen werden; so geht die Frau mit ihrem Brautschatz vor den Kindern zuvor. — Ist aber der Ausspruch ordentlicher Weise vor dem Rath geschehen, so geht Kindergeld vor Brautschatz." Stein II. §. 249. *Schumacher* de prudentia Legislatorum Lubecensium in collocandis creditoribus concurrentibus ad Libr. 3. tit. 1. art. 11. 12. Lugd. Batav. 1755. p. 52. Stralsundische Gerichts-Ordnung c. 36. §. 10. n. 6. S. 170. —

(7) L. R. I. 7. art. 10. „Was mit gekohrnen Vormündern vor dem Rathe, in was Sachen es seyn mag, getheilt wird, mit Recht oder in Freundschaft: das soll zu Recht kräftig, beständ-

ständig und unangefochten bleiben." Ein Ausspruch, der nicht vor dem Rath geschehen ist, kann jederzeit angefochten werden. Stein II. §. 260.

Caroc posit. 37. und in der Historie des Lübschen Rechts. S. 49. cf. *Mev.* I. 7. art. 10. addit. 4. und II. . art. 33. n. 51. sq. II. 2. art. 34. n. 100. sq — Die gerichtliche Absonderung oder Ausspruch wird zu Protocoll genommen, (§. 31.) oder in ein besonderes dazu bestimmtes Buch eingezeichnet. Stein II. §. 251. u. 291. S. 440. Wie zu Lübeck hiebey verfahren wird, S. *Bünekau* c. l. §. 13. und Klefeker 4. Th. S. 532. Stein II. §. 250.

§. 6.

Grundsätze von der Absonderung.

Die Absonderung, — sie sey eine freywillige, oder nothwendige, — muß I. mit Einwilligung der Interessenten geschehen. Daher müssen die Kinder, welche abgesondert werden, oder wenn sie minderjährig sind, ihre Vormünder und nächsten Anverwandten einwilligen. Indessen wird nach der Meinung des Mevius (1) die Einwilligung der Vormünder schon für hinlänglich geachtet. Wenn auch der Vater noch lebt, so müssen dennoch den minderjährigen Kindern zu dieser Handlung besondre Vormünder bestellet und solche vom Rath bestätiget werden (2), und der Mangel der vormundschaftlichen Einwilligung kann

kann nicht durch die obrigkeitliche Genehmigung der Absonderung oder des Ausspruchs ergänzt werden (3). Bey der Verheurathung der Tochter, welche durch die Ausstattung von ihren Eltern abgefunden wird, ist außer ihrer Einwilligung, auch die Einwilligung ihres Mannes, als ehelichen Vormundes, erforderlich (4). Hat der Vater im Testament, seine Kinder abgesondert und seiner Witwe und Kindern den ihnen gebührenden Theil angewiesen, so kann demohngeachtet die Witwe mit ihren Kindern die Gütergemeinschaft fortsetzen (5).

Durch die Absonderung wird II. die Gütergemeinschaft aufgehoben, welche zwischen den Eltern und Kindern vorhanden war. Sie hat also nur zwischen Eltern und Kindern statt, welche in einer Gemeinschaft leben; ihre Würkung erstreckt sich a) auch nicht weiter als auf die Kinder und respective Geschwister und Geschwisterkinder (6). b) Blos Kinder, und zwar eheliche, werden durch die Absonderung von der Gütergemeinschaft ausgeschlossen. Unter Kinder sind die Enkel und entferntere eheliche Descendenten begriffen. Hat also der Vater seinen Sohn abgefunden, so ist auch der Enkel für abgefunden zu halten. c) Sind keine Kinder vorhanden, so kann auch keine Absonderung und Ausspruch statt finden, sondern es muß, wenn der überlebende Ehegatte mit den nächsten Erben des Verstorbenen die Erbschaft theilen soll, eine würkliche Theilung gescheschehen, wovon der überlebende sich nicht durch einen bloßen Ausspruch befreien kann (7). d) Der überlebende Ehegatte kann nie von seinen Kindern zur Absonderung gezwungen werden, wofern er nicht zur andern Ehe schreitet, oder verschwenderisch zu leben anfängt, oder in ein Kloster gehet, mithin ein in den Gesetzen bestimmter Theilungsfall eintritt; (§. 3.) auch kann er e) nicht gezwungen werden, mit seinen Kindern in Gemeinschaft zu bleiben, sondern die Kinder müssen sich die Absonderung und Aufhebung der Gemeinschaft gefallen lassen, wenn der überlebende solche vornehmen will (8).

(1) ad Jus Lubec. II. 2. art. 33. n. 90. 97. 100.

(2) L. R. I. 7. art. 6. *Cothmann* Vol. 3. R. 9. n. 14. sq. Vergl. *Coccejì* de succ. c. 5. S. 24. 25.

(3) *Bünecken* c. l. §. 14. 15. ibique *Cothmann* 3. Consil. 45. n. 40.

(4) *Mev*. II. 2. 33. n. 93. u. II. 2. art. 34. n. 54. sq.

(5) L. R. II. 1. art. 3. „Ordnet Jemand sein Testament, und giebt seiner Frau ihr bescheidenen Theil, oder aber auch seinen Kindern; bleibt dann die Frau mit den Kindern in Gedey und Verderb besitzen." *Mev*. ad h. art. 3. n. 2.

(6) Die Absonderung hebt die vermöge der Gütergemeinschaft zustehende Succeßion auf; und schließt den Abgefundenen und dessen Descendenten in infinitum aus. In der Seiten-Linie erstreckt sich ihre Würkung nicht weiter als auf Geschwister und Geschwister Kinder. *Mev*. II.

II. 2. art. 33. n. 151. u. n. 162. 163. „Sicut autem, qui a separatis descendunt, non succedunt, quamdiu aliqui adsunt, qui inter consortes reputantur, et ex his nati fuerunt, ita etiam illis non succeditur a dissortibus, quamdiu ex consortium numero quisquam superest. Hoc autem ne extendas ultra fratres eorumque liberos, inter quos separationis jura in successionibus attenduntur. Ex ceteris consanguineis si quisquam moriatur, ab illorum successione non oportet excludere eos, qui a parentibus separati sunt; circa hanc enim inspicitur saltem proximitas sanguinis et graduum, quam non tollit separatio." *de Balthasar* de succ. ab int. p. 38.

(7) L. R. II. 2. art. 12. „Stirbt einem Mann sein Weib, und haben sie keine Kinder mit einander, der Mann soll der Frauen nächsten Erben wiedergeben den halben Theil Gutes, welches er mit ihr bekommen. Gleichergestalt, stirbt der Mann, welcher mit seiner Frau keine Kinder gezeuget hat: die Frau nimmt zuvor ihr zu dem Mann gebrachtes Gut, sofern es vorhanden ist. Da noch Etwas vom Gute darüber, das soll sie zugleich theilen mit des Mannes Erben. *Balemann* de femina p. 262. Stein II. §. 247.

(8) L. R. II. 2. art. 29. *Bünekau* c. l. §. 16. *Hellfeld* c. l. §. 16. Stein II. §. 204. und §. 239. (§. 5. not. 3.)

§. 7.

Die Absonderung muß III. von dem ganzen gemeinschaftlichen Vermögen, mithin sowohl von den väterlichen, als mütterlichen Gütern geschehen. (1) Nur die vollständige, gänzliche und total Absonderung (separatio totalis) ist nach Lübschem Rechte eine wahre und eigentliche Absonderung; und hebt die Gütergemeinschaft und das darauf sich gründende Succeßionsrecht auf.

Die sogenannte particulaire Absonderung vom Väterlichen oder Mütterlichen (separatio partialis) (2), ist keine wahre Absonderung und verdienet nicht den Namen derselben; sie hat auch nicht die Würkung einer wahren Abfindung; sie würkt mithin keine Ausschließung von der Gütergemeinschaft und von der vermöge der Gütergemeinschaft zustehenden Succeßion.

Kinder, welche der Vater nur vom Mütterlichen, oder welche die Mutter nur vom Väterlichen abgetheilet hat, sind nach Lübschem Rechte keine abgefundene Kinder. Kinder, welche der Vater blos in Absicht des Nachlasses ihrer verstorbenenen Mutter abgefunden hat, succediren daher als unabgefundene ihrem Vater, so wie der Vater auch solchen Kindern succediret (3).

Die Absonderung gehet aber a) nicht auf solche Güter, die kein Gegenstand der Gütergemeinschaft sind; mithin nicht auf Fideicommisgüter. Durch die Total-Absonderung wird b) die bisherige Gemeinschaft blos zwischen den Kindern und ihren Eltern aufgehoben. Den Kindern wird mithin durch die Abfindung nicht ihr Erbrecht auf den künftigen Nachlaß ihres Großvaters oder andrer Verwandten genommen. (4).

Es hängt c) von den Eltern ab, mit welchen Gütern sie die Kinder abfinden wollen; und es ist nicht nöthig, daß den Kindern gerade eine Summe Geldes ausgesprochen wird. Es können Grundstücke, Capitalien angewiesen werden.

Von dem gemeinschaftlichen Vermögen, welches getheilt werden soll, sind d) zuvor die Schulden abzurechnen, (5) und die Absonderung darf nicht zum Nachtheil der Gläubiger geschehen. War der Vater zur Zeit des Ausspruchs in guten Umständen und geräth in der Folge in Abnahme der Nahrung, so kann der Ausspruch nicht angefochten werden.

IV. die Größe des Ausspruchs, oder wie viel den Kindern, statt der ihnen von allen gemeinschaftlichen Gütern gebührenden Hälfte auszusetzen oder auszusprechen ist, beruhet auf die gemeinschaftliche Beliebung der Interessenten, mithin auf einen Vertrag, weil hier eine Gütergemeinschaft aufgehoben werden soll, und die Kinder ein Miteigenthum an den Gütern haben.

Eltern bestimmen daher mit Einwilligung ihrer Kinder oder deren Vormünder die Größe des Ausspruchs (6) und der Rath, als Obervormund, genehmigt den gerichtlichen Ausspruch.

Bey Bestimmung des Ausspruchs siehet man nicht auf die Todeszeit des verstorbenen Ehegattens, sondern auf die Zeit des Ausspruchs und der Aufhebung der Gemeinschaft, wenn von der eigentlichen und gänzlichen Absonderung die Rede ist.

Bey der eigentlichen Absonderung muß daher billig ein Inventarium oder eine eidliche Specification von dem gegenwärtigen gemeinschaftlichen Vermögen vorgeleget werden (7

Uebrigens können die Kinder, oder deren Vormünder sich einige Güter durch Protestation vorbehalten (8).

(1) L. R. II. 2. art. 33. „Solches soll geschehen von allen ihrem Gute, väterlichen und mütterlichen; sowohl von dem Lebenden, als Verstorbenen. Und dies sind nach unserm Rechte, abgesonderte, und abgetheilte Kinder." — Nach älterm L. R. scheinet nur die gänzliche, nicht aber die partielle Theilung, bekannt gewesen zu seyn. Stein II. S. 362. — *Mev.* ad h. art. 33. n. 165.

(2) L. R. II. 2. art. 31. und II. 1. art. 6. 8. — II. 2. art. XI. „Und denselben wäre ein Ausspruch geschehen von ihres verstorbenen Vaters oder Mutter wegen." Stein II. S. 337 und 372.

Das Wort: Ausspruch wird sowohl von den total als particular Abtheilungen gebraucht. Klefeker Sammlung der Hamb. Gg. 10 Th. S. 626. und 4 Th. S. 532.

Mit

Mit Einwilligung der Kinder und deren Vormünder kann auch eine partielle Theilung geschehen. *Consil. Gryphisw.* Resp. 149. n. 41. Vergl. Stein II. S. 288. 292. 316. 361. — Auch nach der Waysen Gerichts Ordnung der Stadt Stralsund von 1593. Tit. I. art. 8. ist eine partielle Absonderung zuläßig; auch dorten, so wie überhaupt in den Pommerschen mit L. R. bewidmeten Städten, die gewöhnliche.

(3) *Cothmann* Vol. I. Resp. 5. n. 20. und 89. Vol. 5. R. 40. n. 5. Stein II. §. 245. S. 336. 337. und §. 267. S. 372. 373.

(4) *Mev.* II. 2. art. 33. n. 146.

(5) Bona non intelliguntur, nisi deducto aere alieno. L. 39. de V. S.

(6) L. R. II. 2. art. 28. 33. 34. „Und welches der Kinder abgesondert ist mit bescheidenem Gute, das soll mit seinem Theil zufrieden seyn und abgesondert bleiben; es sey gleich wenig oder viel."

„Würden die Kinder, ihre Freunde und Vormünder damit nicht zufrieden seyn, sondern ihnen protestando entweder das Vater- oder das Muttertheil ausdrücklich vorbehalten, das sind keine abgesonderte Kinder."

„Würde damit der Sohn oder die Tochter, nebst ihren Freunden und Vormündern der Zeit begnüget und friedlich seyn: so ist solche Person — abgesondert und abgetheilt; es sey wenig oder viel."

(7) *Mev.* II. 2. art. 33. n. 44. Stein II. §. 244. S. 332.

(8) L. R. II. 2. art. 33. ibid. *Mev.* n. 147.

§. 8.

Rechtliche Würkung der Absonderung.

Zu den rechtlichen Würkungen der Absonderung gehört A. das Recht der Kinder an den ihnen zugetheilten oder ausgesprochenen Gütern. Ist die Absonderung I) eine real Theilung, wodurch den Kindern ihr bestimmter Theil übergeben wird, so erhält das abgefundene Kind durch die Uebergabe das volle Eigenthum und der Vater hat an solchen Gütern keinen Niesbrauch, und kein Recht darüber zu disponiren, auch kein Recht solche zu verwalten (1).

Ist hingegen II) nur eine Summe Geldes ausgesprochen worden, so haben die Kinder, als Gläubiger, deshalb an den Gütern ihres Schuldners ein gesetzliches Pfandrecht. (2) Der Vater muß indessen die Kinder ernähren, bis sie, wenn sie zu ihren mündigen Jahren gekommen, oder ihre eigene Wirthschaft anstellen, den Ausspruch ausbezahlt erhalten. Soll der Vater den Ausspruch auszahlen, so steht ihm die Rechts-Wohlthat der Competenz zu.

Durch die Absonderung wird B. die Gütergemeinschaft, und die wegen dieser Gemeinschaft zustehende Succeßion gänzlich aufgehoben, so daß abgefundene Kinder nicht den Eltern, und Eltern nicht den abgefundenen Kindern, vermöge der Gütergemeinschaft succediren können. (3) Indessen

sen fällt nur die Succeßion aus der Gütergemeinschaft weg. (Succesſio ex capite communionis.) Denn die Absonderung hebt die Succeßion wegen der Blutsfreundschaft nicht auf. (Succesſio ex capite conſanguinitatis.) Daher succediren auch abgefundene Kinder ihren Eltern, als nächste Blutsfreunde, wenn keine unabgefundene Kinder vorhanden sind; und Eltern succediren, als nächste Bluts-Freunde, ihren abgefundenen Kindern, wenn diese keine eheliche Leibes-Erben und vollbürtige Geschwister und Geschwisterkinder hinterlassen. (4) Nicht das Recht der Blutsfreundschaft, sondern blos die Gütergemeinschaft wird durch die Absonderung aufgehoben. (5) Das Lübsche Recht giebt dem Vater und der Mutter ausdrücklich das Recht einem abgefundenen Kinde ab inteſtato zu succediren, jedoch erst nach den vollbürtigen Geschwistern des Verstorbenen (6).

Uebrigens verliehren C. die abgefundenen Kinder nicht ihre Familien-Rechte (7).

(1) *Mev.* II. 2. art. 33. und 121. 150. Reſp. j. Lub. 4.

(2) L. R. II. 2. art. 31. — III. 1. art. 12. „Diesem folgt gemeiner Stadt-Schuld, — darnach Kindergeld, vor dem Rath ausgesprochen;" folgendes der Brautschatz; treue Hand, welche durch Untreue verrückt ist; Kindergeld, (welches vor dem Rath nicht ausgesprochen ist.) Quistorps rechtliche Bemerkungen. Bem. 8. S. 57. Stralsundische Gerichts-Ord-

nung c. 36. S. 170. n. 6. u. 11. *Mev.* ad h. art. und II. 2. art. 33. n. 41. Stein II. §. 240. *Carmon* de abdicat. liberor. Sect. 6. §. 6. 7.

(3) *Büneckau* c. l. §. 22. Die Absonderung wird daher als eine Art der Enterbung, und abgesonderte Kinder werden als enterbte und verstorbene angesehen; und so auch der Vater, oder die Mutter des Abgefundenen. Stein II. §. 245. *Cothmann* Vol. 3. Resp. 9. n. 10. Resp. 46. n. 8. Vol. 4. Resp. 10. n. 93. „Segregati parentes et liberi, quoad successionem mutuam censentur esse mortui."

(4) *Mev.* II. 2. art. 33. n. 162. sqq. Westphals teutsches privat Recht, Abhandlung 46. §. 7.

(5) Nach Lübschem Rechte wird daher eine doppelte Succeßion, nemlich die ex capite communionis, und die ex capite proximitatis angenommen. *Mev.* II. 2. art. 33. n. 162. sq. *Cocceii* de succ. ab int. c. 7. 8. Stein II. S. 267. 360. 219. 220. 368. 370. 374. 376. Dreyers Einleitung S. 329. Pütters Beyträge z. T. Staats- und Fürsten-Recht, 2. Th. 1779. Abh. 36. „Daß die Gemeinschaft des Eigenthums der natürlichste Grund aller Erbfolge sey." *G. L. Böhmer* de juribus et obligat. conjugis superstitis ex comm. bon. universali, in Elect. j. civ. T. 3. *Hellfeld* de successione ex jure communionis, in opusc. n. 20. Eisenharts Grundsätze des deutschen R. in Sprichwörtern. 1792. S. 290. Danz Hanbuch des heutigen deutschen Privatrechts. §. 263. — Vergl. Lange von der Gütergemeinschaft S. 158. *Boutterweck* de fundamento successionis Germanicae 1786. §. 15. Klöntrup v. d. Gütergemeinschaft unter Eheleuten. 1791. S. 158. *Mecklenburg* d. qua commoda superstitis conjugis in communione bonorum universali

mini-

minime successionem universalem, sed mutationem condominii in dominium solitarium efficere, contenditur. Gött. 1792.

(6) L. R. II. 2. art. 1. 7. *Brokes* obs. 352. *Büneckau* c. l. §. 23.

(7) Daher können ohne Einwilligung der abgefundenen Kinder keine Erbgüter von den Eltern veräußert werden, und die außer der Familie veräußerten können von den abgefundenen Kindern retrahiret werden. L. R. I. 10. art. 6. — III. 7. art. 1. — *Bünekau* c. l. §. 20. 28.

§. 9.

Soll die Absonderung diese Würkung haben, so muß sie, — da sie eine Aufhebung der Gütergemeinschaft und der aus dieser Gemeinschaft zustehenden Succeßion ist, mithin im Zweifel nicht vermuthet wird, — gehörig erwiesen werden. (1) Zum Beweise der geschehenen Absonderung ist die bloße Ausstattung einer Tochter bey ihrer Heurath nicht hinlänglich; so wie auch nicht dasjenige, was der Sohn bey der Anstellung seiner eigenen Wirthschaft erhält, als eine Abfindung angesehen werden kann (2) Es muß daher die Absicht, das Kind abzufinden, klar seyn. Der Vater oder die Mutter muß diese Absicht deutlich erkläret oder zu erkennen gegeben haben, und von Seiten des Kindes und dessen Vormünder oder Verwandten muß der Brautschatz, oder das Gegebene auch in der Absicht angenommen seyn, daß es nemlich hiemit abgesondert seyn wolle. Die Erklärung, daß das Kind abgefunden werden soll, muß bey der Ausstattung geschehen. Eine erst nach der bereits geschehenen Ausstattung erfolgte einseitige Erklärung ist nicht hinlänglich, und kann die ehemals geschehene bloße Ausstattung nicht in eine Abfindung verwandeln. Denn die Absonderung erfordert die Einwilligung sämmtlicher Interessenten, und beruhet auf einen Vertrag.

Aus diesem Grunde kann die einseitige Erklärung des Vaters in seinem Testament, daß dieses oder jenes Kind seinen gebührenden Theil bereits erhalten hätte, und damit abgefunden worden wäre, nicht als Abfindung angesehen werden, mithin keine Ausschließung von der Succeßion aus der Gütergemeinschaft bewirken. (3)

(1) Der gerichtliche Ausspruch ist leicht zu beweisen; da gerichtliche Protocolle völligen Glauben haben. Danz Grundsätze des gemeinen, ordentlichen, bürgerlichen Processes. Stuttgard 1795. §. 45. S. 141.

(2) L. R. II. 2. art. 34. „Wenn ein Vater seinen Sohn, oder seine Tochter zu der Ehe aussteuret, mit sonderlichem bescheidenem Gute, der Meinung, daß also das Kind von ihm soll abgetheilet und abgesondert seyn: Würde damit der Sohn oder die Tochter nebst ihren Freunden und Vormündern, der Zeit begnüget und friedlich seyn: so ist solche Person,

Sohn, oder Tochter abgesondert und abgetheilt, es sey wenig oder viel."

L. R. I. 5. art. 1. „Giebt einer seinen Sohn oder Tochter in die Ehe und sondert sie von sich mit bescheiderem Gute." *Cothmann* Vol. 2. Resp. 96. n. 57. und Vol. 1. R. 5. n. 89. sqq.

(3) *Mev.* II. 2. art. 34. n. 43. — II. 2. art. 24. n. 9. *Cothmann* Vol. 2. R 96. n. 57. Statuta Lubecensia in L. 2. tit. 2. art. 34. loquuntur de eo tantum casu, quo parentes liberis prioris matrimonii dotem certam *non eo tantum animo*, sed et *ea expressa lege dant*, et liberi quoque eorumque tutores et consanguinei dotem istam *eo animo* et *ea lege accipiunt*, ut scilicet per id a bonis paternis et maternis segregentur, d. art. 34."

II. Abschnitt.

Von der gesetzlichen Erbfolge nach Lübschem Rechte.

Coccеii discursus ad tit. 2. Libr. 2. jur. Lubec. de successionibus ab intestato et hereditatis divisione 1684.

Amsel d. con- et disconvenientiam juris civilis et Lubecensis circa hereditatem, quae ab intestato defertur, exhibens. 1701.

A. von Balthasar d. de successione ab intestato ex jure Lubecensi. 1758.

Klefekers Vergleichung der Hamburgischen Erbfolge mit der Lübeckischen; in dessen Sammlung der Hamb. Gesetze und Verfassungen. 4. Th. 1767. 8. S. 561. 10. Th. 1771. S. 622.

Stein von der Erbfolge ex capite communionis bonorum nach Lübschem Rechte; in dessen Betrachtungen. 4. Th. 1783. S. 103-244.

Bünekau bibl. j. Lubec. S. 81.

§. 10.

§. 10.

A) Von der Erbschaft und Erbfolge; Heergewette und Grade.

Durch eine Erbschaft wird nach lübschem Rechte das Vermögen verstanden, was der Verstorbene nach Abzug der Schulden nachläßt (1).

Die Erbfolge nach lübschem Rechte ist, so wie nach deutschem Rechte, entweder eine vertragsmäßige, oder testamentarische, oder gesetzliche; (2) und diese letztere, von welcher hier die Rede ist, weicht von der römischen gesetzlichen Erbfolge sehr ab (3).

Nach lübschem Rechte ist das Fundament der gesetzlichen Erbfolge entweder die Gütergemeinschaft, oder die Verwandschaft; (4) und ein gesetzlicher Erbe ist hier ein jeder, der von der Verlassenschaft eines Verstorbenen etwas nach der Verordnung der Gesetze, entweder vermöge einer Theilung, oder vermöge der Verwandschaft, erhält (5).

Das lübsche Recht macht acht Classen der nächsten Verwandten und Intestaterben und die gesetzliche Succeßion der Ehegatten vermöge der Gütergemeinschaft, ist nicht subsidiarisch.

Jeder Erbe muß beweisen, daß er der nächste sey; d. h. die Erben müssen sich vor dem Rath die

die Nächsten zeugen lassen, die Kinder zu den Eltern, die Eltern zu den Kindern, die Frau zu dem Mann u. s. f. (6). Außer Lübeck ist dieser Beweis nur in zweifelhaften Fällen erforderlich (7).

Die Erbfolge nach Lübschem Rechte gilt auch in den Stadtdörfern und Gütern der mit Lübschem Rechte bewidmeten Städte (8).

Bey der Succeßion und Theilung wird nicht auf den Unterschied zwischen Heergewette und Gerade gesehen, sondern der nächste Erbe nimmt alles, Heergewette und Gerade (9).

Stirbt übrigens einem Fremden, oder einem, der nicht Bürger ist, ein Grundstück oder Erbe an, so darf er es nicht an Fremde veräußern, sondern er muß es an Bürger überlassen (10).

(1) Stein Abhandlung des Lübschen Rechts. 2. Th. §. 86. 149.
Cocceii de succesf. ab int. cap. I. Erbschaft heißt daher in art. 1. sein Gut, das er nachläßt.

(2) *Mev.* II. 2. ad rubr. *I. H. Baleke* de pactis conjugum successoriis; in (Langemaks) collect. dissertat. jus Lubec. illustrant. p. 145. *Trekel* tr. de origine atque progressu testamenti factionis. cap. I. §. 18. Runde deutsches privat Recht. §. 652.

(3) *Mev.* II. 2. ad rubr. und in addit. II. 2. art. 2. n. 150. *Trekell* c. l. §. 14.

Nach

Nach neuern römischen Rechte ist das Fundament der ordentlichen gesetzlichen Erbfolge die Verwandschaft, und das Gesetz bestimmt drey Classen oder Ordnungen, nemlich der Descendenten, Ascendenten und Seitenverwandten. Zur außerordentlichen Succeßion gehöret die Succeßion der Ehegatten. Die Succeßion, vermöge der Gütergemeinschaft, kommt im römischen Rechte nicht vor. Hievon weicht das Lübsche Recht ab, und die Lübeckische gesetzliche Erbfolge läßt sich daher nicht füglich nach der römischen Erbfolgeordnung abhandeln, obgleich solches gewöhnlich zu geschehen pflegt.

(4) *Coccei* de succesſ. ab int. p. 2 et 4. „Legalis succesſio a jure Lubecensi introducta et normata non solum naturalem conjunctionem, sed etiam, et quidem primario, communionem bonorum statutariam pro fundamento habet.“ Haec communio bonorum est primum caput succesſionis ab intestato. Dreyers Sammlung vermischter Abhandlungen. 1. Th. S. 97.

(5) Stein II. §. 190. S. 267. Unter dem Ausdruck: Erbe, ist daher nicht eben ein römischer universal Erbe zu verstehen, und die im L. R. II. 1. art. 9. gedachte institutio heredis ist keine römische, sondern eine deutsche Erbes-Einsetzung. *Lamprecht* d. de forma heredis institutionis ex jure germanico, praesertim Lubecensi. Götting. 1760. §. 12. f. Klefeker Sammlung der Hamb. GG. 4. Th. S. 331. Stein II. §. 152. S. 222.

(6) L. R. II. 1. art. 9. 12. 24. und II. 2. art. 14. 32. *Coccei* de succ. ab int. cap. 7. S. 41. *Cothmann* Vol. 4. Resp. 20. *Lamprecht* de forma

ma hered. inst. §. 19. S. 59. in Gesterdings thesauro jur Lubec Tom I. S. 186.

(7) Stein II. §. 291. und 297.

(8) *Mev* ad jus Lubec. quaest. praelim. 5. *von Balthasar* de hominibus propriis. 1779. S. 212. 241.

Pommersche Bauer-Ordnung von 1616 tit. 10. §. 9. „Und lassen wir geschehen, daß der Städte Bauern und Dörfer dasjenige Recht, so die Städte haben, folgen." Dähnerts L. C. 5. S. 1277. n. 12.

Die Städte, in welchen Lübsches Recht gilt, sind folgende: A. In Vor- und Hinter-Pommern: 1) Anclam. 2) Barth. 3) Bärenwald. 4) Belgard. 5) Bublitz. 6) Cammin. 7) Colberg. 8) Coslin. 9) Daber. 10) Damgarten. 11) Demmin. 12) Greifswald. 13) Greifenberg. 14) Greifenhagen. 15) Golnow. 16) Grimm. 17) Gützkow. 18) Labes. 19) Lassahn. 20) Loitz. 21) Massow. 22) Neugard. 23) Plate an der Rega. 24) Poltz. 25) Regenwald. 26) Rügenwald. 27) die Stettinische Lastadie. 28) Stargard an der Ihna. 29) Stolpe. 30) Stralsund. 31) Treptow an der Tollense. 32) Trepto an der Rega. 33) Tribbsee. 34) Ueckermünde. 35) Uesedom. 36) Wolgast. 37) Wollin. 38) Bergen auf Rügen, wo aus dem L. R. der 2te Tit. des 2 Buchs von Succeßionen und erblichen Anfällen recipiret worden. B. Im Herzogthum Mecklenburg. 39) Boitzenburg. 40) Crivitz. 41) Dömitz. 42) Goldberg. 43) Grabow. 44) Gadebusch. 45) Gnoyen. 46) Grevismühlen. 47) alt Kahlen. 48) neu Kahlen. 49) Kröpelin. 50) Lübs. 51) Marlau. 52) Neustadt. 53) Parchim. 54) Plau. 55) Pentzlin. 56) Rostock. 57) Ribnitz. 58) die

Schwe-

Schwerinische Neustadt, oder Schelfe. 59) Sültz. 60) Schwan. 61) Tessin. 62) Wismar. 63) Wittenberg. 64) Warnemünde. 65) Wahrin. 66) das Dorf Dierhagen. C. In Sachsen-Lauenburg: 67) Möllen. 68) Bergedorf. D. Im Herzogthum Schleswig: 69) Tundern. 70) Burg auf Fehmarn. E. Im Herzogthum Holstein: 71) Crempe. 72) Glückstadt. 73) Heiligenhafen. 74) Itzehohe. 75) Kiel. 76) Lütjenburg. 77) Neustadt. 78) Oldenburg. 79) Oldesloe. 80) Plön. 81) Rendsburg. 82) Segeberg. 83) Wilster. F. Im Königreich Preußen: 84) Memel. G. In Polnisch Preußen: 85) Elbingen. 86) Braunsberg. 87) Frauenberg. 88) Dirschau. 89) Hela. H. In Liefland: 90) Reval.

Dreyers Einleitung zur Kenntniß der Lübeckischen Verordnungen. 1769. S. 274. *Büneckau* bibl. jur. Lub. S. 6. v. Balthasar von dem in den Vor- und Hinterpommerschen Städten geltenden Lübschen Rechte; von H. D. Gesterding herausgegeben. Greifswald 1777. — In den Pommerschen Amtsstädten Franzburg und Richtenberg gilt das gemeine Recht. — Zu den angeführten Mecklenburgischen Städten fügen Einige noch hinzu: 91) Güstrow. 92) Sternberg. 93) Wahren. In dieser letztern Stadt gilt aber das gemeine kaiserliche Recht. v. Kamptz Beytr. z. St. und priv. R. I. B. S. 278.

(9) L. R. II. 2. art. 15. „Heergewette und Gerade darf man sonderlich nicht ausgeben; sondern wer der nächste Erbe ist, nimmt alles Erbe, Heergewette und Gerade."

(10) L. R. I. 2. art. 5. „Es soll kein Bürger sein Erbe, Renthe und Eigenthum einem Gast oder Fremden, oder andern, welche unsre Bürger nicht sind, versetzen, oder verpfänden, (*Mev.* ad h. art. 5. n. 45-47.) verkaufen, oder zu treuen Händen, demselben zum Besten, zuschreiben lassen, es geschehe auch durch was Weise und Unterschleif es wolle. Wer darüber zu handeln sich unterstehen würde, der soll des Erbes zuvörderst verlustig seyn, und dazu dem Rath Strafe geben funfzig Mark Silbers. (Dreyers Sammlung vermischter Abhandlungen. 2. Th. 3. Abhandlung von den Lübeckischen Münzen. S. 939. f.)

Gleichergestalt soll es auch gehalten werden, wenn einem Fremden ein Erbe hier anstirbt, der soll dasselbe auch nicht an Fremde veräußern, sondern an Bürgere bringen." *Jo. Sibrand* differentiae juris civilis et Lubecani. 68. S. 17. *Mev.* I. 2. art. 5. n. 24. 73. 89. *Cocceii* de succ. ab int. S. 41. Continuatio thesauri *Besold.* voc. Lübisch Recht. p. m. 380.

§. 11.

B) Von der Theilung der Erbschaft, und wie solche zu theilen.

Zu den Theilungsfällen, welche im 2ten Titel des 2ten Buchs des L. R. von Successionen und erblichen Anfällen und wie dieselben zu theilen, (de successionibus ab intestato et hereditatis divisione) (1) angeführet sind, gehöret

(1

1) Die freywillige Abtheilung der Eltern von ihren Kindern (2).

2) Die nothwendige Totaltheilung des gemeinschaftlichen Vermögens zur Hälfte, welche der zur andern Ehe schreitende Ehegatte mit seinen Kindern erster Ehe vornehmen muß; (3) wofern nicht mit Einwilligung der Interessenten, statt der gänzlichen Abfindung, eine particulaire Theilung des Väterlichen oder Mütterlichen beliebet wird.

3) Die nothwendige particulaire Theilung des Väterlichen oder Mütterlichen, nach den Köpfen, welche der überlebende Ehegatte während des Wittwenstandes mit seinem Kinde, welches mündig worden ist, oder heurathet, und auf die Theilung dringt, vornimmt (4).

Außer diesen Fällen, wo Eltern mit ihren eigenen Kindern theilen, ist noch zu bemerken

4) die nothwendige partial Theilung zwischen dem Stiefvater oder Stiefmutter und den Kindern erster Ehe, nach den Köpfen, oder zur Hälfte, wenn bey der zweyten Heurath entweder überall keine Theilung, oder nur eine particulaire Theilung geschehen war. (5).

5) Die nothwendige particulaire Theilung zwischen dem überlebenden unbeerbten Ehegatten

und den abgefundenen Kindern des Verstorbenen, zur Hälfte (6).

6) Die nothwendige particulaire Theilung zwischen dem überlebenden unbeerbten Ehegatten und den Verwandten des Verstorbenen, zur Hälfte (7).

7) Die Theilung unter gleich nahen Erben von väterlicher und mütterlicher Seite, in gleicher Zahl zur Hälfte, in ungleicher Zahl nach den Köpfen (8).

(1) Bemerklich ist es, daß die Rubriken der Bücher und Titeln des L. R. deutsch und lateinisch abgefaßt sind, und hierauf gehen wohl ohne Zweifel die in der Vorrede des Statuts befindlichen Worte: „in unterschiedlichen Büchern und Titeln deutsch und lateinisch verfassen lassen," welche vermuthlich zu der gemeinen, aber unrichtigen Meinung Anlaß gegeben haben mögen, als wenn das Statutum der Stadt Lübeck von 1586, auch in lateinischer Sprache abgefaßt und gedruckt worden sey. Der in Mevii Commentar befindliche lateinische Text ist eine Uebersetzung der ersten fünf Bücher des Statuts, welche höchst wahrscheinlich Mevius zum Verfasser hat. Dreyers Einleitung z. Kenntniß der L. Verordn. S. 255. Vergl. *von Balthasar* de succ. ab int. S. 11. *von Selchow* biblioth. jur. Germ. 1782. S. 243. Einige Abweichungen der Uebersetzung von dem deutschen Original sind in Carocs Historie des L. R. bemerkt worden. Die Uebersetzung hat keine ge-

setzliche Kraft erhalten und man kann sich auf selbige nicht beziehen.

(2) L. R. II. 2. art. 33. 34. 29. *Mev.* II. 2. ad rubr. n. 4. und in addit. Stein II. S. 268. (§. 5.).

(3) L. R. II. 2. art. 2. 3. 16. 10. (§. 22 und 23.).

(4) L. R. II. 2. art. XI. (§. 21).

(5) L. R. II. 2. art. 28. (§. 28. 29. 30.)

(6) L. R. II. 2. art. 5. (§. 32).

(7) L. R. II. 2. art. 12. 25. 27. (§. 14. 15. 16).

(8) L. R. II. 2. art. 20. (§. 46.)

§. 12.

C) Gesetzliche Erbfolge der Ehegatten.

Nach Lübschem Rechte ist die Succeßion der Ehegatten, da selbige in einer Gütergemeinschaft leben, nicht subsidiarisch, sondern es stehet ihnen vermöge der Gütergemeinschaft ein ordentliches Erbrecht zu. Der überlebende Ehegatte succediret daher stets seinem verstorbenen Ehegatten (1) und concurriret mit allen Erben des Verstorbenen, wiewohl auf verschiedene Weise, nachdem die Ehe beerbt oder unbeerbt, und unabgesonderte, oder abgesonderte Kinder vorhanden sind (2).

(1) *Cocceii* de succesſione ab int. c. 8. p. 43. „Conjuges ex capite connubialis bonorum socie-

tatis sibi invicem semper succedunt." *Lamprecht* c. l. §. 12. p. 39. *Gerdes* different. 54. in, oper. II. S. 2[illegible]3.

Nach römischen Rechten ist die Erbfolge der Ehegatten anders bestimmt. A. Nur der überlebende arme Ehegatte concurriret mit allen Erben des verstorbenen reichen Ehegatten, die Erben mögen Descendenten, Ascendenten, oder Seitenverwandte seyn. — Er erhält indessen nur den vierten Theil der Verlassenschaft, wenn er mit drey oder weniger Verwandten des Verstorbenen concurriret. In den übrigen Fällen, wenn er mit vier, oder mehreren Verwandten concurriret, erhält er portionem virilem. — Diese Theile der Verlassenschaft erhält er nicht eigenthümlich, sondern nur zum Niesbrauch, wenn er mit seinen, mit dem Erblasser erzeugten, Kindern concurriret. In den übrigen Fällen erhält er seinen Antheil eigenthümlich. — Der überlebende arme Ehegatte ist kein ordentlicher Erbe. Das ihm zustehende Recht ist blos eine gesetzliche Wohlthat, die ihm nur unter den in den Gesetzen bestimmten Umständen zustehet. (Vergl. *Madihn* principia juris romani. P. 4. §. 54.). Er hat kein jus accrescendi, und kann sein Recht nicht auf seine Erben bringen. Uebrigens erhält er seinen Antheil aus dem reinen Vermögen des Verstorbenen, welches nach Abzug der Schulden übrig bleibt.

B. Ist der verstorbene Ehegatte nicht reich, oder der überlebende nicht arm, so succediret dieser nur, wenn der Verstorbene überall keine Verwandten nachgelassen hat, und er erhält nach prätorischem Rechte den ganzen Nachlaß des verstorbenen Ehegatten, jedoch nur dann, wenn er binnen 100 Tagen die Erbschaft an-

nimmt

nimmt. (Bonorum possessio ab intestato ex edicto unde vir et uxor.) Unterläßt er dies, so erhält nach Ablauf dieser Frist nicht er, sondern der Fiscus, den Nachlaß. *Koch* successio ab intestato. 1790. §. 108 = 114. *Hofacker* principia jur. rom. germ. §. 482. 1428. 1641. *Gmelin* de indole bonorum possessionis. Tub. 1796. §. 50.

(2) *Cocceii* de succ. ab int. c. 8. Steins Betrachtungen einzelner Rechtsmaterien nach Deutschen und Lübschen Rechten. Rostock 1783. 4. Th. S. 118. 119. *C. Nettelbladt* de portione statutaria. p. 49. sq. *C. G. Hofmann* de commun. bonor. §. 7. Hofmanns Eherecht. §. 285.

§. 13.

1) Wenn die Ehe beerbt ist.

Ist die Ehe beerbt, und ist mithin eine vollkommne Gütergemeinschaft vorhanden, so fällt das ganze vorhandene gemeinschaftliche Vermögen auf den längstlebenden Ehegatten und dessen unabgefundene Kinder. Der überlebende Ehegatte behält aber, so lange er im Wittwenstande bleibt, den Besitz und die Nutznießung des ganzen gemeinschaftlichen Vermögens. Zur Theilung des gemeinschaftlichen Vermögens ist er nicht eher verbunden, als bis er zur andern Ehe schreitet, oder eine üble Wirthschaft führet, und in solchem Fall wird das gesammte Vermögen zur Hälfte getheilet (1).

Stirbt ein Ehegatte und hinterläßt nur allein abgefundene Kinder, so behält der überlebende Ehegatte das ganze vorhandene Vermögen, und erst nach dessen Ableben gelangen die abgesonderten Kinder zur Succeßion (2).

(1) *Mev.* II. 2. art. XI. in addit. ad n. 1. Klefekers Samml. der Hamb. GG. 4. Th. S. 528. 10. Th. S. 623.

(2) Stein II. §. 201. und §. 245. S. 334. „Sind keine unabgesonderte, sondern nur allein abgesonderte, d. h. völlig und gänzlich, von väterlichen und mütterlichen Gütern abgetheilte Kinder vorhanden, so erben die abgesonderten doch nicht sogleich von ihren Eltern, sondern das gemeinschaftliche Gut bleibt bey dem überlebenden Ehegatten."

L. R. II. 2. art. 6. „Wann ein Mann und Frau Kinder mit einander haben, verstirbt ihrer eins, es sey Mann oder Weib, welches überbleibt, das theilet das Gut mit den Kindern, so nicht abgesondert seyn." Und art. 16. „Welche von den Eltern abgeschieden sind, haben nichts zu fordern."

Erst nach dem Tode des längst lebenden Ehegatten fällt das Gut auf seine abgesonderte Kinder, als nächste Erben, nach Erbgangsrecht.

Gütschow de studiis Lubecensium. 1788. §. 12. „Ex statutis Lubecensibus uno tantum casu succedit superstes conjux in omnia, quae communia fuerunt, scilicet si separati tantum extent liberi; nam hi jam acceperunt, quidquid ex bonis illis competebat." Vergl. Steins Betrachtungen 4. Th. S. 124.

§. 14.

§. 14.

2) Wenn die Ehe unbeerbt ist.

Ist die Ehe unbeerbt, (1) und ist mithin nur eine unvollkommene Gütergemeinschaft vorhanden, so nimmt der überlebende Ehegatte sein eigenes Vermögen ganz vorweg, und erhält überdies allemahl die Hälfte von dem nachgelassenen Vermögen des Verstorbenen, als statutarische Portion; er theilet mithin blos die Güter des Verstorbenen mit dessen nächsten Erben zur Hälfte (2).

Bey dieser Theilung, welche nothwendig geschehen muß, (3) kommt es darauf an, ob der Mann oder die Frau gestorben ist.

(1) Steins Betrachtungen 4. Theil S. 124. „Sind keine unabgesonderte Kinder bey dem Absterben des einen Ehegatten vorhanden, sondern — weitere Erben desselben: so tritt eine wahre Succesſio ex capite communionis bonorum abseiten des überlebenden Ehegatten, in dem Nachlaß des zuerst Verstorbenen, hervor, und dieselbe besteht darin, daß der überlebende Ehegatte diejenigen Güter, so er bisher von seiner Seite in der bisherigen ehelichen Gütergemeinschaft gehabt, zuvörderst rein vorwegnimmt und hienächst auch von dem besondern Nachlaß des Verstorbenen die Hälfte erhält. L. R. II. 2. art. 12."

Eigentlich würde der überlebende Ehegatte, — wegen der allgemeinen Gütergemeinschaft, worin er mit seinem verstorbenen Ehegatten, seit dem Anfang der Ehe bis zu dessen Tode lebte, — das ganze gemeinschaftliche Vermögen, als ein alleiniges Eigenthum erhalten, und mithin alle Ascendenten und Seitenverwandten des Verstorbenen ganz ausschließen. Allein das L. R. verordnet an dessen Statt sehr billig die Theilung der Güter des Verstorbenen zur Hälfte; wodurch zugleich für den überlebenden Ehegatten und die nächsten Verwandten des Verstorbenen gesorgt wird. Lange von der Gütergemeinschaft. S. 161. führt ähnliche statutarische Verordnungen an. Hinterläßt aber der Verstorbene überall keine Verwandte, als zu deren Besten eigentlich die Theilung verordnet ist, so erhält der Ueberlebende zufolge der allgemeinen Gütergemeinschaft den ganzen Nachlaß. *ab Engelbrecht* consultat. Gryph. Resp. 21. n. 14.

(2) L. R. II. 2. art. 12. „Stirbt einem Manne sein Weib und haben sie keine Kinder mit einander: der Mann soll der Frauen nächsten Erben wiedergeben den halben Theil Gutes, welches er mit ihr bekommen. Gleichergestalt, stirbt der Mann, welcher mit seiner Frau keine Kinder gezeuget: die Frau nimmt zuvor ihr zu dem Manne zugebrachtes Gut, sofern es vorhanden ist. Da noch etwas von dem Gute darüber, das soll sie zugleich theilen mit des Mannes Erben." *de Pufendorff* Tom. 4. obs. 58: an maritus in bonis quoque uxoris improlis *actualiter non illatis* succedat, praesertim in parte bonorum paternorum, ex communione bonorum a matre retenta? *Mev.* ad h. art. 12. n. 2. 3. 170. *Gerdes* differ. 54. 55. *C. Nettelbladt* de portione statutaria. p. 81. sq.

Die

Die statutarische Portion oder die Hälfte, welche nach Lübschem Rechte der überlebende unbeerbte Ehegatte aus den nachgelassenen Gütern des Verstorbenen erhält, heißt deswegen so, weil sie dem überlebenden nach dem Statut gebühret, (art. 12. 27) und in dem Statut ihren Grund hat. C. *Nettelbladt* de portione statutaria.

Selbige kann der überlebenden Ehefrau nicht einseitig durch eine testamentarische Disposition des Ehemanns vermindert, noch weniger ganz entzogen werden. *von Balthasar* de succ. ab int. S. 84. Stein II. §. 135. *Nettelbladt* c. l. *M Stein* d. de portione conjugis statutaria §. 9. sq in Gesterdings thesauro j. Lub. Tom. 2. S. 570. Kleseker Sammlung der Hamb. GG. IV. 509. *Cocceii* de succ. ab int. S. 49. *G. F Buchholtz* d. de quaestione: an et quatenus parenti superstiti, in communione bonorum universali, cum liberis continuata, etiamsi nulla praecesserit eorumdem separatio, testari liceat? Giess. 1772. Meisters pract. Bemerkungen I. S. 41. Runde d. privat Recht §. 689. Vergl. *Overbeck* de potestate mariti testatoris in lucrum conjugis statutarium secundum jus Lubecense. Jen. 1788.

(3) *de Pufendorff* Tom. 4. obs. 59: an superstes conjux dimidiam bonorum, quae ex bonis a defuncto conjuge improli relictis, cognatis proximis debetur, jure ususfructus retineat? —

Die Theilung mit den nächsten Anverwandten des Verstorbenen fällt aber weg, wenn die unbeerbten Ehegatten sich alle ihre Güter einander wechselsweise geschenkt haben. Dergleichen donatio reciproca muß aber 1) vor dem

Rath

Rath geschehen, und 2) die Frau muß bevormundet seyn; auch muß 3) einem jeden von den nächsten Erben wenigstens acht Schilling und vier Pfennig hinterlassen worden seyn. Dergleichen Schenkung ist als ein Erbvertrag anzusehen. — Nach L. R. kann 4) dergleichen Schenkung nur von wohlerworbenen Gütern geschehen. Erbgüter müssen beim Erbgange bleiben. Außer Lübeck fällt an vielen Orten, z. B. in Pommern 2c. der Unterschied zwischen Erb- und wohlgewonnenen Gütern weg. (*Helvig* d. de non usu juris Lubec. in Pomerania. p. 21. *Büneckau* bibl. j. Lubec. p. 65. *Ludovici* d. de diverso jure bonorum acquisitorum et hereditariorum. §. 58.) So auch nach dem Rostocker Stadtrecht. I. 10. §. 3.

L. R. I. 6. art 2. „Welcher Mann oder Frau, die da keine Kinder mit einander im Ehestande gezeugt haben, vor dem Rath treten, und ihr Gut gegen einander reciproce donirer und auflassen; ist dann die Frau bevormundet; so ist die Uebergabe kräftig, von ihrem beyderseits erworbenen Gute. Doch sollen sie ihren nächsten Erbnehmen, einem Jeglichen acht Schilling, vier Pfennig verlassen. (L. R. I. 9. art. 2.). Da aber solche Schenkung Jemand anfechten wollte; ist er binnen Landes, so soll er das thun in Jahr und Tag; ist er aber über See und Sand, so bleibt er unversaumt.“ *Joh. Brunnemann* Responsum: an donatio reciproca inter conjuges jure Lubecensi permissa et ibi locus sit Falcidiae? in *Ej.* consil. et respons. 1704. Consil. 40. S. 219-221.

§. 15.

§. 15.

Ist A. der Mann gestorben, so nimmt die Wittwe ihr vorhandenes Eingebrachte voraus. Alles übrige Vermögen, welches als Vermögen des Mannes angesehen wird, theilet die Wittwe mit des Mannes Erben, so daß sie davon die eine Hälfte, und die nächsten Erben des Mannes die andre Hälfte erhalten (1).

Heurathet indessen ein Bürger eine fremde Person, die auf dem Lande wohnet, — d. h. die der städtischen Jurisdiction nicht unterworfen ist, — so soll sie, wenn sie eine unbeerbte Wittwe ist, diese statutarische Portion nicht erhalten, wofern sie nicht als Wittwe, oder in einer anderweitigen Ehe mit einem Bürger, ihre Wohnung in der Stadt fortsetzet (2)

Diese von der Regel abweichende Verordnung ist jedoch nicht allenthalben, wo Lübsches Recht gilt, im Gebrauch, und insonderheit wird sie in den Pommerschen Städten nicht beobachtet, sondern eine solche Wittwe hat hier den freyen Abzug mit allen ihren Gütern, wenn sie den Zehnten erlegt (3).

Ist B. die Frau gestorben, so wird blos das Eingebrachte der Frau getheilt; wovon der Mann die eine Hälfte, als statutarische Portion erhält, und die andere Hälfte den nächsten Erben der Frau gebühret. Schulden werden vorher abgezogen.

Alles

Alles übrige, was während der Ehe erworben ist, behält der Mann, als eigenes Vermögen; so wie ihm auch die von den zugebrachten Gütern der Frau erhobenen Früchte gehören. (4) Auch behält er das, was er seiner Frau an Kleidern, Kleinodien und dergleichen zugewendet hatte (5).

(1) *Mantzel* Jus Mecklenb. et Lubec. cent. 3. S. 174. „de vidua ante divisionem moriente, portionem statutariam ad heredes quoscunque transmittente.“ *Ej* select. Rostoch. Fasc. I. S. 258.
Ist die lezte Ehe unbeerbt gewesen, und der verstorbene Mann hinterläßt abgefundene Kinder erster Ehe, so nimmt die Wittwe gleichfalls ihr Eingebrachtes, auch was ihr sonst von dem verstorbenen Manne etwa geschenkt worden ist, vorweg. Das übrige Vermögen wird in zwey Theile getheilet. L. R. II. 2. art. 5. Eben dies findet auch statt, wenn die Frau unbeerbt gestorben und abgefundene Kinder erster Ehe hinterlassen hat; indem diese gleichfalls die Hälfte von der Verlassenschaft ihrer Mutter erhalten. *ab Engelbrecht* consultat. Gryphisw. Resp. 21.

(2) L. R. II. 2. art. 4. *Stryck* Jus Lubec. c. 9. n. 51. sq. et de succ. ab int. D. 4. c. 3. §. 64. sq.

(3) *Mev.* II. 2. art. 4. n. 9. Caroc Hist. des L. R. S. 51. *von Balthasar* de succ. ab int. S. 85. Lieberkühn Miscellaneen. Stettin 1778. S. 100.

(4) L. R. II. 2. art. 12. *Mev.* ad h. art. 12. n. 156. 164. und 39. *Gerdes* differ. 60.

(5) *Brokes* obs. 557. S. 578.

§. 16.

§. 16.

Haben übrigens A. unbeerbte Ehegatten ihr Vermögen verlohren, und von neuem wieder etwas erworben, so tritt die vorige Entscheidung ein. (1) Stirbt nemlich der unbeerbte Mann: so nimmt die Frau ihr eingebrachtes vorweg, und erhält von dem übrigen Vermögen die Hälfte. Stirbt die unbeerbte Frau; so werden blos ihre Illata getheilt, wovon der Mann die eine Hälfte bekömmt.

Es mag aber B. der Mann, oder die Frau unbeerbt gestorben seyn, so können die nächsten Erben innerhalb dreyßig Tagen, nach dem Ableben des Mannes oder der Frau, zu der unbeerbten Wittwe oder Wittwer ins Haus fahren, und zu dem Gute mitsehen, was ihnen und ihren Erben anfallen mögte (2).

Sind endlich C. überall keine Verwandte und Erben des verstorbenen unbeerbten Ehegatten vorhanden; so erhält der überlebende Ehegatte, zufolge der allgemeinen Gütergemeinschaft, das ganze nachgelassene Vermögen des Verstorbenen, mit Ausschluß des Fiscus (3).

(1) L. R. II. 2. art. 25. „Kommen Mann und Weib in den Ehestand zusammen mit etlichem Gut; haben sie keine Kinder mit einander und verarmen dazu, also, daß sie von bloßer Hand und von neuem wiederum etwas an sich bringen und erwerben. Stirbt alsdann die Frau, der

der Mann soll ihren nächsten Erben geben den halben Brautschatz, den er mit ihr bekommen hat. Stirbt der Mann eher, als die Frau: so nimmt sie ihren ganzen Brautschatz zuvor und theilet darnach das Gut, halb und halb mit ihres Mannes Erben." *Mev.* II. 2. art. 25. und ad art. 12. n. 100.

(2) L. R. II. 2. art. 27. Stein II. §. 299. Klefeker Samml. der Hamb. GG. 4. Th. S. 560. Caroc Historie des L. R. S. 20. *Gerdes* differ. 64. Die Erben können auch einen Bevollmächtigten zu der Wittwe oder Wittwer schicken, der auf die Verwaltung der Erbschaft mit siehet. — An den mehrsten Orten wird, vornehmlich wenn einige Erben sich in der Fremde aufhalten, sogleich nach Absterben des Verstorbenen eine gerichtliche Versiegelung vorgenommen. Stein c. l.

(3) *Mev.* II. 2. art. 14. n. 35. 38. sq. *ab Engelbrecht* consultat. Gryphisw. Resp. 21. n. 14. Klefekers Sammlung der Hamb. GG. 4. Th. S. 543. und 10 Th. S. 662.

Indessen sind Einige mit *Cothmann* der Meinung, daß in diesem Fall dem Fiscus die Hälfte von dem Nachlaß des Verstorbenen gebühre. *Winckler* triga exercitat. de jure Fisci. Klefeker c. l. 4. Th. S. 720.

§. 17.

D. Gesetzliche Erbfolge unter Blutsverwandten.

Acht Classen derselben.

Stirbt Jemand, so fällt sein nachgelassenes Vermögen an seine nächsten Erben, d. h. an seine näch-

nächsten Blutsfreunde. Mit selbigen concurriret aber allemahl der überlebende Ehegatte des Verstorbenen. Das Lübsche Recht macht acht Classen der Intestat Erben. (1) und eine Classe schließt nach der Ordnung, wie sie im art. 1. auf einander folgen, die andre aus. Die acht Classen der nächsten Erben sind folgende:

1) in der ersten Classe stehen Söhne und Töchter.

2) in der zweyten: Kindeskinder.

3) in der dritten: vollbürtige Brüder und Schwestern eines Abgesundenen; (2) auch Geschwister Kinder.

4) in der vierten: Vater und Mutter eines Abgesundenen.

5) in der fünften: Halbbrüder und Halbschwestern; auch deren Kinder.

6) in der sechsten: Grosvater und Grosmutter.

7) in der siebenten: Vaterbruder und Mutterbruder; Vater- und Mutterschwester.

8) in der achten: deren Kinder.

Das Schema von diesen acht Classen ist folgendes:

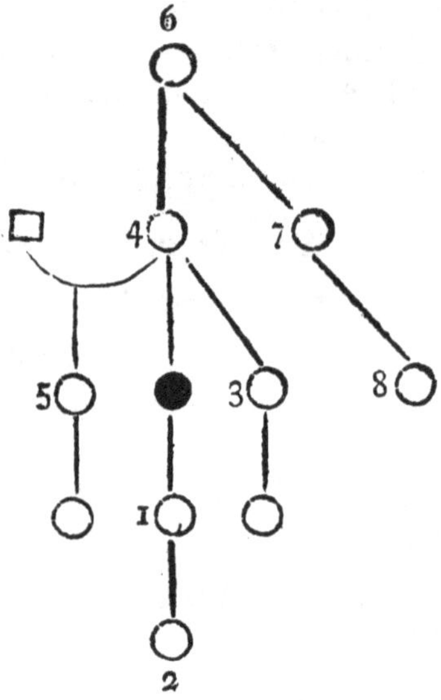

6. Gros-

- 6. Grosvater.
  - 4. der Vater.
    - 5. Halbbruder.
      - Halbbrudersohn.
    - der Verstorbene.
      - 1. der Sohn.
        - 2. der Enkel.
    - 3. Vollbruder.
      - Vollbrudersohn.
  - 7. Vaterbruder.
    - 8. Vaterbrudersohn.

In diesen acht Classen sind alle Erben und Erbnehmen begriffen. (3) Aus dieser Classification ergiebt sich, daß Ascendenten und Collateralen nie zugleich ab intestato succediren, (4) sondern abwechseln (5).

(1) L. R. II. 2. art. 1. „Wenn einer stirbt, sein Gut, das er nachläßt, das empfangen seine nächsten Erben oder Erbnehmen. Die Ersten sind des Menschen Kinder, Söhne und Töchter. Die Andern: Kindes Kinder. Die Dritten: Brüder und Schwestern, wenn sie abgesondert sind. Die Vierten: Vater und Mutter. Die Fünften: Halbbrüder und Halbschwestern. Die Sechsten: Grosvater und Grosmutter. Die Siebenten: Vater- und Mutter-Bruder und Schwester. Die Achten: Derselben Kinder. Hierin sind beschlossen alle Erben und Erbnehmer."

Dieser Artikel handelt von Erben, die das nachgelassene Gut eines Verstorbenen nicht ex capite communionis bonorum, sondern nach Erbgangs Recht empfangen. Daher redet derselbe von abgesonderten Kindern und Geschwistern. Stein II. S. 221.

Der art. 1. steht auch schon in einer alten Bürger- oder Bursprache der Stadt Lübeck, (etwa aus dem 15 Jahrhundert.) art. fin 49. abgedruckt in Dreyers Einleitung zur Kenntniß Lübeckischer Verordn. S. 593.

Bemerklich ist es, daß die benannten Erben der acht Classen, nicht über den vierten Grad mit dem Verstorbenen verwandt sind, wie das vorstehende Schema zeiget. Daraus folgt

folgt jedoch nicht, daß die Lübeckische Erbfolge auf den vierten Grad eingeschränkt sey. *Mev.* II. 2. art. 1. n. 75. sqq.

(2) L. R. II. 2. art. 13.

(3) *Cothmann* Vol. 4. Resp. 20. pr. et n. 22.

(4) Das Lübeckische Succeßions-System weicht auch hierin von dem römischen ab. Nach diesem succediren, wenn man mit dem Hn. Kanzler Koch vier Classen der Intestaterben annimmt, I) alle Descendenten des Verstorbenen. (Das Lübsche Recht macht zwey Classen derselben; der Söhne und Enkel, und schließt die unehelichen Descendenten von der Succeßion ganz aus. art. 9.) II) die nächsten Ascendenten und vollbürtige Geschwister nebst deren Söhnen und Töchtern. (Das L. R. hat drey Classen: a) der Geschwister; b) des Vaters und der Mutter; c) der Groseltern.) III) der Halbgeschwister und deren Söhne und Töchter. (Das L. R. setzt die Groseltern den Halbgeschwistern nach.) IV) alle übrige Seitenveerwandte nach der Nähe des Grades; so, daß α) der nähere Grad den entferntern ausschließt und das Repräsentationsrecht ganz wegfällt; auch β) blos der nächste Grad, ohne Rücksicht auf volle und halbe Geburt, (duplicitas vinculi) succediret; und daß γ) mehrere Seitenverwandte gleichen Grades zugleich, nach den Köpfen succediren. (Das L. R. macht hier zwey Classen: a) der Vaterbrüder, und b) deren Kinder).

(5) Vergl. Stein II. S. 337.

§. 18.

a) Erste und zweyte Classe der Kinder und Enkel.

Nach der Praxis wird die erste und zweyte Classe der Kinder und Enkel nur als eine Classe angesehen, und Kinder schließen nicht die Enkel aus. (1) Unter Enkel sind alle fernere Descendenten begriffen, von welchem Grade sie auch seyn mögen. In der absteigenden Linie hat das Eintrittsrecht ohne Begränzung statt; (2) und Enkel treten in die Rechte ihres verstorbenen Vaters, und empfangen dessen Theil.

Kinder des ersten Grades, Söhne und Töchter, succediren nach Köpfen; die Enkel aber nach Stämmen, sie mögen allein seyn, oder zugleich mit Kindern ersten Grades concurriren.

Nur eheliche Kinder succediren ihren Eltern. (3) Uneheliche sind von der Succeßion ganz ausgeschlossen. Sie succediren nicht ihrem verstorbenen Vater, ja auch nicht einmal ihrer leiblichen Mutter, auch nicht ihren väterlichen und mütterlichen Verwandten. Nichts destoweniger fällt das nachgelassene Vermögen der unehelichen Kinder, wenn sie ohne Leibeserben sterben, auf ihre Mutter und mütterliche Verwandte (4).

Uebrigens können uneheliche Kinder durch die Legitimation zur Succeßion gelangen (5).

Was

Was die ehelichen Kinder betrift, so kommt es darauf an, ob sie unabgefunden, oder abgefunden sind; mithin, ob sie vermöge der Gütergemeinschaft, oder vermöge der Blutsfreundschaft succediren.

(1) *Mev.* II. 2. art. 1. n. 31. *Coccei* de success. cap. 7. S. 33. Dreyers Einl. z. Kenntn. L. B. S. 323.

(2) *Mev.* II. 2. art. 1. n. 33. sq. *Hofacker* princip. jur. rom. gem. §. 1421. — Hiemit stimmt auch das Hamburgische Recht überein. Klefeker Sammlung der Hamb. Gesetze. 4 Th. S. 455 und 528.

(3) „Stirbt aber Kindern Erbtheil an, und eines oder mehr unter denselben sich übel anstellet: wird solches der Rath und die Freunde für gut ansehen, so soll der oder dieselbe seines Guts nicht mächtig seyn, sondern seine Brüder und Schwestern sollen das Gut verwalten, so lange, bis sie oder er, sich zur Besserung schicken und wohl anstellen würden." L. R. I. 10. art. 5. *Caroc* position. 49. *I. D. Mellmann* d. de condominio, curae legitimae, quae feminis Lubecensibus in fratres et sorores male sese gerentes competit, unico et vero fundamento; ad art. 5. Tit. 10. Lib. I. Juris Lubecensis. Respondente *I. F. Schnobel.* Lubecens. Kil. 1776.

(4) L. R. II. 2. art. 9. „Uneheliche Kinder nehmen kein Erbe. Aber derselben verlassen Gut erben ihre nächsten Blutsfreunde, die dazu gehören. (Kollii Rechtbuch art. 132.) *Mev.* ad h. art. 9. n. 37. und n. 178. *Coccei* c. l. p. 35. cf. *de Balthasar* de succ. ab int. S. 55.

Die nächsten Blutsfreunde, die zur Erbschaft des nachgelassenen Guts der unehelichen Kinder gehören, sind eigentlich nicht die Mutter selbst, sondern deren Verwandte. *Lamprecht* meditatio ad art. 9. tit. 2. Libr. 2. statutorum Lubecensium. Gissae 1778. (Gmelin und Elsäßers neueste juristische Literatur. Erlangen 1779. I. B. S. 230.). Allein nach der in Praxi angenommenen Meinung des *Mevii* succediret auch die Mutter des unehelichen Kindes.

(5) Dreyers Einleitung zur Kenntniß der L. V. S. 296. *Brokes* obs. 421.

§. 19.

α) Succeßion der unabgefundenen Kinder mit einem von ihren überlebenden Eltern.

Die ehelichen Kinder und Descendenten sind entweder unabgefundene, oder abgefundene.

I) Unabgefundene Kinder succediren ihren Eltern vermöge der Gütergemeinschaft, und schliessen die völlig abgefundenen Kinder ganz aus; und so lange noch ein unabgefundenes Kind vorhanden ist, können völlig abgefundene Kinder ihren Eltern nicht succediren (1).

Dem Grosvater X succediret daher nicht der Enkel B, dessen Vater A abgefunden ist, und unabgefundene Geschwister C hinterläßt (2).

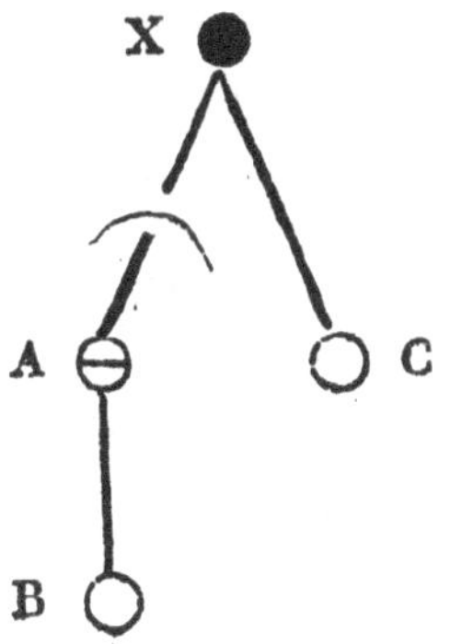

II) Sind aber keine unabgefundene Kinder vorhanden, so tritt die Succeßion aus der Bluts-freundschaft ein, und die abgefundenen Kinder und deren Descendenten, succediren ihren Eltern, als nächste Verwandte (3).

Stirbt also der Vater oder die Mutter, und hinterläßt unabgefundene Kinder, so fällt das Vermögen auf den überlebenden Ehegatten und auf die unabgefundenen Kinder (4).

Ob aber in diesem Fall der überlebende Ehegatte auch zur Theilung verbunden ist, beruhet vorzüglich darauf, ob er im Wittwenstande bleibt, oder nicht.

(1) L. R. II. 2. art. 6. 16. 28. „Wann ein Mann und Frau Kinder mit einander haben; verstirbt ihrer eins, es sey Mann oder Weib; welches überbleibet, das theilet das Gut mit den Kindern, so nicht abgesondert sind.“

art. 16. „Diejenigen Kinder, welche von den Eltern abgeschieden sind, haben nichts zu fordern." — Auch nicht in dem Fall, wenn der überlebende Ehegatte zur andern Ehe schreitet. *Mev.* II 2. art. 2. n 74. — II. 1. art. 3. „Bleibt die Frau mit den Kindern in Gedey und Verderb besitzen; werden nun etliche Kinder aus dem gesammten Gut abgesondert, und stirbt alsdann die Frau: das Gut soll bleiben bei den Kindern, welche noch in dem gesammten Gute ungeschieden sitzen, (oder, die noch in der Wehre sind,) und nicht bei denen, welche abgesondert sind." Stein II. §. 266. Dreyer von den Kindern, so in der Wehre sind; in Dessen Sammlung vermischter Abhandlungen. I. Th. S. 96. f.

Eltern können aber ihren abgesonderten Kindern etwas im Testament vermachen. L. R. II. 1. art 8, *Mev.* ad h. a n. 12. *Stryck* responsum de successione liberorum separatorum ex testamento parentum, in casu si adsint non separati; in *Ejus* tr. de success. ab int. D. I. c. 4. §. 26. p. m. 125.

(2) *Mev.* II. 2. art. 33. n. 152. und art. 34. n. 90. *Büneckau* de separat. lib. §. 25. n. 2.

(3) *Mev.* II. 2. art. 2. n. 137. *Stryck* de succ. ab int. D. I. c. 4. §. 23.

(5) Eine Ausnahme hievon macht das L. R. I. 4. art. 2. und IV. 7. art. 2. „Wann eine Wittfrau oder Jungfrau ohne ihrer Freunde Rath, — die sich dessen aus wichtigen erheblichen Ursachen verweigern, welches doch bey Erkenntniß des Raths oder Consistorii stehen soll, ob die Ursache wichtig genug seyn, oder nicht, — sich in die Ehe begiebt; die soll von allen

allen ihren Gute nichts haben, dann ihre tägliche Kleider. Von ihrem Gute gebühret dem Rath 20 Mark; das Uebrige sollen ihre nächsten Erben haben." Diese Verordnung schränkt sich aber blos auf Frauenspersonen ein. Auf Mannspersonen geht sie nicht. *Mev.* I. 4. art. 2. n. 34.

§. 20.

I) Wenn der überlebende Ehegatte im Wittwenstande bleibt, so behält er den Besitz und Genuß von den gemeinschaftlichen Gütern, und ist zu keiner Totaltheilung verbunden.

Bleibt der überlebende Ehegatte im Wittwenstande und tritt auch sonst kein gesetzlicher Grund zur nothwendigen Theilung ein, (1) so bleibt er auf seine Lebenszeit in allen gemeinschaftlichen Gütern sitzen, und ist nicht verbunden, mit seinen unabgefundenen Kindern eine Totaltheilung vorzunehmen (2).

Der überlebende Ehegatte, er sey der Vater, oder die Mutter, hat daher A. die Abnutzung von allen gemeinschaftlichen Gütern. (3) Nur muß die Mutter und Wittwe innerhalb drey Monathen nach dem Absterben ihres Ehemannes, Vormünder für sich und ihre Kinder wählen und vom Rath bestätigen lassen (4).

Der

Der überlebende Ehegatte muß B. die Kinder erziehen und ernähren, (5) auch dotiren, wenn sie heurathen wollen. Auch muß er C. während des Wittwenstandes eine gute Wirthschaft führen und darf nichts veräußern, außer im Nothfall, oder mit Einwilligung der Erben (6).

(1) Wenn er nemlich nicht ins Kloster, auch nicht verschwenderisch lebt. *Balemann* de femina. S. 228. add. *Mantzel* Selecta jur. Rostoch. Fascic. 2. *Ej.* Jus Mecklenb. et Lubec. illustrat. centur. 4. S. 214. Klefeker 4. Th. S. 529. und 10. Th. S. 623. *Mev.* II. 2. art. XI. n. 7.

(2) L. R. II. 2. art. 8. „Haben Mann und Weib Kinder mit einander, und werden alle in den Ehestand begeben; Stirbt der Mann, die Frau bleibt sitzen in allen Gütern. Sie mag aber derselben keine weder verkaufen, versetzen, noch vergeben, ohne der Erben Erlaubniß; es wäre dann, daß sie dieselben bedürfte zu Unterhaltung ihres Leibes, welches sie zuvor eidlich erhalten muß. Will sie sich aber anderweit verehelichen, oder in ein Kloster, oder Gotteshaus bekaufen, so muß sie theilen mit den Kindern." Attestat des Magistrats zu Lübeck vom 12. Aug. 1676, daß eine beerbte Wittwe, so lange sie nicht zur andern Ehe schreitet, oder sich ins Kloster kauft, die Retention in allen Gütern behalte, und selbige Zeit über in solchen Gütern besitzen bleibe, auch wegen Erbschaftsschulden und Forderungen außer- und innerhalb Gerichts sich einzulassen befugt sey, in *Rüneckau* bibl. juris Lubecens. p. 91. n. 14.

Drey=

Dreyers Einleitung zur Kenntniß der Lübeckischen Verordn. S. 316. *Gerdes* different. 56. 58. Stein II. S. 299. *Heineccius* de usufructu materno j. germ. §. 28. sqq. *Hellfeld* opusc. p. 464. §. 33. *Ej.* d. convenient. j. Lub. cum LL. Westph. et Susat. §. 14.

Baleke d. de communione bonorum, a conjuge superstite cum liberis continuata. Rostoch. 1752. (in Gesterdings thesauro j. L. II. 396.

Auch die schwangere Wittwe bleibt in allen Gütern sitzen, und ist wärend der Schwangerschaft nicht zur Theilung verbunden.

L. R. II. 2. art. 30. „Nach des Mannes Tode, wenn seine verlassene Wittfrau schwanger ist, soll sie so lange in des Mannes Gut bleiben, und aus dem gemeinen Gut nicht gewiesen werden, bis sie der Geburt genesen.“ Carocs Historie des L. R. S. 51.

(3) Haben aber die Kinder eigenes Vermögen, so kann die Mutter, da sie keine väterliche Gewalt hat, keinen usumfructum davon verlangen. *Mantzel* jus Mecklenb. et Lubec. illustr. centur. 2. S. 97. *Heineccius* de usufructo materno j. germ. §. 35.

(4) L. R. I. 7. art. 12. *ab Engelbrecht* Consult. Gryphiswald. Resp. 3. n. 49. S. 14. — Eine nähere Bestimmung hierüber enthält die Stralsundische Waisen = Gerichtsordnung c. 1. art. 5. 6. 7.

(5) Von den Kosten zum Studiren und deren Collation, S. *Mev.* II. 2. art. 8. n. 20. 37. „Ex communibus bonis debent praestari filiis sumtus studiorum, quos hi non conferunt.“

(6) L. R. II. 2. art. 8.

§ 21.

§. 21.

Es kann aber während des Wittwenstandes des Vaters oder der Mutter von einem Kinde, welches mündig worden ist, oder heurathet, eine Partialtheilung verlangt werden.

Ist nun gleich der überlebende Ehegatte, so lange er im Wittwenstande bleibt, nicht zu einer Totaltheilung verbunden; so kann dennoch von einem oder dem andern Kinde eine particulaire Theilung verlangt werden; nemlich ein Sohn, welcher zu seinen mündigen Jahren gekommen ist, oder eine Tochter, welche sich verheurathet, kann, wenn sie will, auf eine particulaire Theilung dringen, und die Theilung des väterlichen, oder mütterlichen Vermögens verlangen (1).

Bey dieser partialtheilung, welche blos das Vermögen des verstorbenen Ehegattens betrift, erhält der überlebende Ehegatte allemahl Kindes Theil (2).

Hienach wird also nicht das ganze gemeinschaftliche Vermögen in zwey Theile getheilt, sondern ein Kind, was zu seinen mündigen Jahren gekommen ist, oder heurathet, kann nur sein Erbtheil von dem väterlichen oder mütterlichen Nachlaß verlangen. Durch diese Partialtheilung wird auch die Gütergemeinschaft nicht aufgehoben. (§. 4. und 7.) (3).

Uebri-

Uebrigens können Kinder, die schon ausgestattet sind, und dotem vel donationem propter nuptias erhalten haben, nach dem Ableben eines ihrer Eltern nicht auf die Theilung dringen, so lange der überlebende Vater oder Mutter nicht zur andern Ehe schreitet, sondern sie müssen es geschehen lassen, daß der Ueberlebende den Niesbrauch von dem ganzen gemeinschaftlichen Vermögen behält (4).

(1) *Gerdes* different. 56. 58. *Mantzel* Selecta jur. Rostoch. Fascic. 3. specim. 16. S. 122. Stein II. S. 339. *Mev.* II. 2. art. XI. in addit. ad n. 30. „observa.

(2) L. R. II. 2. art. XI. „Wenn Vater und Mutter Kinder mit einander haben, und dann der Eltern eines stirbt; sind der Kinder eines oder mehr zu ihren mündigen Jahren gekommen, (oder sind Töchter verheurathet; *Mev.* ad h. art. XI. n. 6. und in addit. ad n. 30.) und wollen ihr Erbtheil haben von dem verstorbenen Vater oder Mutter; man soll ihm dasselbe nicht verweigern."

Mev. II. 2. art. XI. n. 11. 12. und in addit. ad n. 30. — art. 2. n. 42. 61. II. 2. art. 8. n. 17-20. *Cothmann* Consil. Vol. 2. Resp. 96. n. 17. Vol. 4. n. 10. Caroc Historie des Lübschen Rechts S. 56. Klefeker Samml. der Hamb. GG. 10. Th. S. 624. *Winckler* triga exercit. Exercit. 2.

Will übrigens der überlebende Ehegatte, z. B. der Vater, lieber eine Totaltheilung vornehmen, so müssen sich die Kinder solche gefallen lassen. *Mev.* II. 2. art. XI. n. 19-22.

von

Von dem Fall, da eine Tochter während des Wittwenstandes ihrer Mutter zur andern Ehe schritt, ohne auf ihr väterliches Erbtheil zu dringen, und bey ihrer Mutter, welche die Wirthschaft mit unterhielt, im Hause blieb, in der Folge aber, nachdem das vorhandene Vermögen bis auf das Wohnhaus verzehret und auch dieses verschuldet worden war, von dem Schwiegersohn auf eine Theilung des Väterlichen gedrungen ward, handelt das im Anhange abgedruckte Responsum vom 9. Aug. 1784.

(3) *Mev.* II. 2. art. X. n. 15=17. Vergl. *Gütschow* de studiis Lubecensium. 1788. §. 12.

(4) *Mev.* II. 2. art. 8. n. 21. art. XI. n. 14. *Cothmann* Vol. 3. Resp. 19. n. 43. *Stryck* de succ. ab int. D. 4. c. 3. §. 69. Stein II. §. 218.

§. 22.

II) Wenn der überlebende Ehegatte zur andern Ehe schreitet, so muß er eine total Theilung vornehmen.

Will der überlebende Ehegatte, — er sey der Vater, oder die Mutter, — zur andern Ehe schreiten, so muß er vor der anderweitigen Verheurathung mit seinen unabgefundenen Kindern voriger Ehe, mittelst Zuziehung der Vormünder oder nächsten Freunde, eine Totaltheilung vornehmen. (1) Es kann also nicht sofort nach dem Tode des einen Ehegatten, auf eine Totaltheilung gedrungen werden (2).

Bey

Bey dieser Totaltheilung muß das ganze gemeinschaftliche Vermögen in zwey Theile getheilt werden; so daß dem überlebenden Ehegatten die eine Hälfte, und den Kindern die andre Hälfte zufällt (3).

Die Vormünder, oder nächsten Anverwandten der unmündigen Kinder sind berechtiget auf diese Theilung zu dringen Unterlassen sie dieses so sind sie den Kindern zur Ersetzung des etwa erlittenen Schadens verbunden (4).

(1) Indessen kann der Regent aus wichtigen, in das Interesse publicum einschlagenden Gründen, von der Verbindlichkeit zur Totaltheilung dispensiren. Eine solche Dispensation ertheilte Ein Hochweiser Rath zu Lübeck 1749. in Sachen Hermann Otto wider seiner Kinder Vormünder. Das Decret war folgenden Inhalts: „Daß Supplicant vorkommenden und in das Interesse publicum einschlagenden Umständen nach, zu theilen nicht schuldig sey." *A. F. Förtsch* de jure liberorum, circa bona parentum secundum jus Lubec. 1774. §. 24. In der Regel aber muß eine Totaltheilung geschehen. Lübsches Recht. II. 2. art 8. und II. 2. art. 21. „Stirbt einem Mann sein Weib, und haben sie mit einander Kinder gezeuget; greift er dann zur andern Ehe: so soll er Rechnung thun den Freunden seiner Kinder, (d. h. den Vormündern der Kinder. *Krohn* de jure novercae S. 58.) Will er das nicht thun, so soll man ihn mit Recht fürnehmen und darzu zwingen, daß er Rechenschaft thun muß.

Wären auch die Kinder fremde und hätten keine Freunde, welche die Rechenschaft erfördern könnten; so soll der Rath, wenn ihm dasselbe zu wissen gethan, und darum ersucht werden, ihn von Amtswegen, zur Rechenschaft halten, (*Krohn* de j. novercae p. 57. 59.) und also beschaffen, daß den Kindern das ihrige bleibe.

Gleichergestalt soll es auch zugehen mit der Frau und ihren Kindern, wenn ihr der Mann stirbt." G. F. Buchholz c. l. §. 16.

L. R. II. 2. art. 29. „Es mag auch kein Witwer ein ander Weib nehmen, ohne seiner Kinder Freunde Vorwissen, und seines gewesenen Weibes Freunden, und theile dann mit seinen Kindern und seines Weibes Freunden nach dieser Stadt Rechte, (art. 2) so mag er alsdann zu der andern Ehe greifen. Also soll auch imgleichen eine Witfrau thun, wann sie zu der andern Ehe schreiten will." (II. 2. art. 3.) — Schon in dem Attestat des Magistrats zu Lübeck von 1553. (in *Bünechau* Biblioth. jur. Lubecens. p. 101. n. 18.) wird die eheliche Gütergemeinschaft und Abtheilung der Kinder ein alt Herkommen, Recht und Gewohnheit genannt.

Gmelin und Elsäßers gemeinnützige Beobachtungen und Rechtsfälle, 3 Band 1778. S. 137. — Stralsundische Waisengerichtsordnung c. 1. art. 7. u. f. —

Von einer Privattheilung, die einige Jahre nach der zweyten Heurath geschehen war, S. *Stryck* de success. ab int. Diss. 2. cap. 3. §. 10. S. 186.

Ob auch der Grosvater, wenn er zur andern Ehe schreiten will, mit seinem Enkel, nach L.

R.

R. zu theilen schuldig ist? S. *A. Caroc* Resp. num juxta dispositionem juris Lubecensis avus, antequam ad secunda transit vota, cum nepotibus, non obstante, quod eorum pater ab avo jam fuerit elocatus ac separatus, dividere teneatur? in *ab Engelbrecht* consultat. Gryphiswald. Resp. 69 p. 335. sq.

Nach einer Herzogl. Mecklenb. Verordnung v. 18 Februar 1771. sollen diejenigen, die zur andern Ehe schreiten wollen, nicht eher proclamiret und copuliret werden, bis sie von ihrer ordentlichen Obrigkeit einen Schein darüber, daß sie mit den Kindern voriger Ehe völlig auseinander gesetzt und diesen Vormünder bestellet worden, beygebracht haben. Spaldings Repertor. juris Mecklenb. p. 239.

Von den sogenannten Strafen der zweyten Ehe, S. *Hofacker* princip. jur. rom. germ. §. 520. von Balthasar de succ. S. 42. 80. 86. — *Aug. Adolph. Hennings* d. de usu et applicatione Legis sextae Codicis de secundis nuptiis, recepta communione bonorum, praesertim secundum jura Holsatica (et Lubecensia.) Gött. 1766. *Büneckau* bibl. j. Lub. p. 246.

(2) Nach dem art. 2. 3. 5. 6. des 2. Tit. 2 B. des L. R. scheinet es zwar, als wenn sofort nach dem Tode des einen Ehegatten die Theilung geschehen müsse. Allein der art. 8. und art. 29. bestimmen dies deutlicher; und während des Witwenstandes kann bei einer ordentlichen Wirthschaft keine Totaltheilung verlangt werden. *Cocceii* de succ. ab int. cap. 8. p. 44.

(3) L. R. II. 2. art. 2. 3. „Das soll er zugleich theilen mit den Kindern; nämlich der Vater die Hälfte, die Kinder die andre Hälfte." —

Das pactum separationis kann auch dahin geschlossen werden, daß der zweyte Ehegatte, im Fall aus der zweyten Ehe keine Kinder erfolgen, seines Ehegatten nachgelassene Güter allein, und mit Ausschluß der abgefundenen Kinder erster Ehe haben solle. *Phil. Balth. Gerdes* Resp. Matri de jure Lubecensi liberos cum eorum atque cognatorum consensu ita separare licet, ut nihil amplius ex ipsius hereditate capiant, potius ea defuncta, nullaque ex posteriori conjugio extante prole, materna bona ad secundum maritum devolvantur. *all. Engelbrecht* consultat. Gryphiswald. Resp 83. S. 374.

(4) L. R. II. 2 art. 21. und art. 29 *Krohn* de j. novercae S. 59.

Kortholt s. Resp. *Buchholtz* de imperativis juris Lubecensis. S. 12.

§. 23.

Insonderheit muß diese Theilung nach L. R. auch in dem Fall geschehen, wenn der überlebende Ehegatte seinen Wohnsitz verändert und sich unter L. R. begeben hat.

Zu der Theilung nach lübschem Rechte ist auch ein Fremder verbunden, wenn er nach Ableben seines Ehegatten, seinen Wohnsitz verändert, und sich an einem Ort, wo lübsches Recht gilt, niedergelassen hat, ohne vorher die Theilung, die er er seinen Kindern zu thun schuldig war, vorgenommen zu haben.

Doch fällt diese Verbindlichkeit zur Theilung nach Lübschem Recht weg, wenn der Fremde schon vor seiner Niederlassung unter L. R., sich bei seiner vorigen Obrigkeit zu einer Theilung nach den dortigen Rechten, verpflichtet hatte (1).

Uebrigens setzt das L. R. (II. 2. art. 10.) voraus, daß der überlebende Ehegatte schon vor Veränderung seines Wohnsitzes zu einer Erbschichtung verbunden gewesen sey. Lebte er also zu der Zeit, da sein Ehegatte gestorben, unter gemeinem Rechte, — nach welchem Kinder die alleinigen Erben ihrer Eltern sind, — uud er begiebt sich nach dem Ableben seines Ehegatten unter L. R., so kann von keiner Verbindlichkeit zur Theilung nach L. R. die Rede seyn (2).

(1) L. R. II. 2. art. 10. „Würde ein fremder Mann allhier in diese Stadt, (oder in eine andre Stadt, welche sich Lübschen Rechts gebraucht) kommen, und sich allda setzen, und derselbe wäre seinen Kindern Erbschichtung zu thun schnldig; hätte er nun dieselbe nicht gethan, ehe und zuvor er in das Lübsche Recht gekommen: so muß er nach der Zeit mit seinen Kindern theilen, als Lübisch Recht ausweiset. Es wäre dann, daß er zuvor solche Erbschichtung zu thun, sich vor Rath und Gerichte, an dem Orte, da er theilen sollen, und ehe er sich in unsrer Jurisdiction gesetzet, verpflichtet hätte."

(2) Stein II. S. 420.
I. H. Balcke de juribus ex mutatione domicilii, maxime intuitu conjugum resultantibus. Rostoch. 1755. add. N. W. von Lindemanns Bemerkungen zu der aufgeworfenen Frage des Hn. Regierungsraths Elsässer, ob die Veränderung des Domiciliums durch sich selbst auf vorher stillschweigend errichteter Eheverträge einen entkräftenden Einfluß also habe, daß statt derselben die an dem neuen Wohnsitz üblichen Rechte ihre Anwendung finden müsse? Greifswald 1785.

§. 24.

Grundsätze von der Totaltheilung.

1) Sie geht auf alle gemeinschaftliche Güter.

Die nothwendige Totaltheilung, die der zur andern Ehe schreitende Ehegatte vornehmen muß, erstreckt sich auf alle Güter und das ganze gemeinschaftliche Vermögen wird nach Abzug der Schulden in zwey Theile getheilet, wovon der überlebende Ehegatte, — sein eigenes Vermögen mag geringe, oder beträchtlich seyn, — allemahl die Hälfte, und die abgefundenen Kinder, — es mögen viel, oder wenige Kinder vorhanden seyn, — die andre Hälfte erhalten (1).

Es kann seyn, daß der verstorbene Ehegatte, — z. B. der Ehemann, — überall kein eigenes Vermögen nachläßt, der überlebende hingegen ein sehr beträchtliches Vermögen besitzt. Nichts desto-

stowe-

stoweniger aber muß er das ganze vorhandene gemeinschaftliche Vermögen mit den Kindern zur Hälfte theilen. Dies ist nicht unbillig, da es auch seyn kann, daß der überlebende Ehegatte gar kein eigenes Vermögen hat und demohngeachtet die Hälfte von dem ganzen gemeinschaftlichen Vermögen verlangen kann (2).

Bey dieser Theilung nimmt jedoch der Witwer seinen Harnisch und besten Kleider, die Witwe aber nur ihren Trauring vorweg. Alles übrige muß getheilet werden (3)

(1) War eines oder das andre von den Kindern bereits abgefunden, so erhalten die nicht abgefundenen doch die Hälfte. *Mev.* II. 2. art. 2. n. 91."

(2) *Cothmann* Vol. I. Resp. 5. n. 128. 138. Vergl. Lange von der Gütergemeinschaft. S. 253. Die Hälfte, welche der überlebende Ehegatte von dem gemeinschaftlichen Vermögen erhält, wird gewöhnlich, wiewohl uneigentlich, eine statutarische Portion, genannt. Ein lucrum statutarium ist sie wenigstens nicht, wenn der Ehegatte eben so viel, oder noch mehr, als diese Hälfte beträgt, in die Ehe gebracht hat.

(3) L. R. II. 2. art. 2. „Stirbt einem Mann sein Weib, und er soll theilen mit seinen Kindern; so nimmt der Mann zum Voraus seinen Harnisch und besten Kleider. Was alsdann übrig bleibt, das soll er zugleich theilen mit den Kindern; nemlich der Vater die Hälfte,

die Kinder die andre Hälfte." *Cothmann* Vol. I. Resp. 24. n. 9.

art. 3. „Stirbt einer Frauen ihr Mann, daß ihr also gebühret zu theilen mit ihren Kindern; die Frau nimmt zuvor ihren Trauring. Was darüber ist, es sey an Kleidern, oder andern Eigenthum, das soll sie zugleich theilen mit ihren Kindern. Die Mutter die Hälfte, die Kinder die Hälfte." *G. F. Buchholtz* an et quatenus parenti superstiti testari liceat. §. 6.

§. 25.

Die Totaltheilung gehet auch auf dasjenige, was während des Witwenstandes erworben ist.

Die Totaltheilung erstreckt sich auf alles vorhandene gemeinschaftliche Vermögen. Auch das Erbgut, oder was sonst einem überlebenden Ehegatten während des Witwenstandes und der Communion angefallen, oder von demselben erworben ist, soll, da es zum gemeinschaftlichen Vermögen gehöret, mit den Kindern erster Ehe, getheilet werden (1).

Ob hingegen auch dasjenige, was den unabgefundenen Kindern, während des Witwenstandes ihres Vaters, oder ihrer Mutter, von ihren väterlichen oder mütterlichen Ascendenten, oder sonsten angestorben ist, zur Theilung zu bringen und zu conferiren sey, ist in dem Statut nicht

aus-

ausdrücklich entschieden. Nach der in Praxi angenommenen Meinung wird solches, da es zum peculio adventitio der Kinder gehöret, und diese nach eines der Eltern Tode mit dem überlebenden nur die eheliche Gemeinschaft fortsetzen, bei der gänzlichen Abtheilung nicht conferiret (2).

(1) L. R. II. 2. art. 16. „Fällt einem Witwer oder einer Witwe, welche Kinder haben, Erbgut an, oder wird ihnen etwas gegeben, durch was Weise es sey, oder sie sonsten gewinnen, oder erwerben; solches alles sollen sie mit den Kindern zugleich theilen; jedoch mit diesen Kindern, welche nicht abgesondert sind. Denn diejenigen, welche von ihren Eltern abgeschieden (d. h. gänzlich und völlig abgetheilet) sind, haben nichts zu fordern." *Gerdes* different. 61.

(2) *Krohn* de jure novercae S. 59. *Carmon* de abdicatione liberor. Sect. 4. §. 13. S. 64; in (Langemaks) collect. dissertat. et tractat. jus Lubec. illustrant. Lips. 1793. Stein II. §. 214. *Cocceii* de success. S. 45. Klefeker Sammlung der Hamb. GG. 10 Th. S. 632; und 4 Th. S. 530. *Oelrichs* de filio impubere cum matre vidua in communione bonorum Lubecensi vivente, a devoluta ad illum hereditate matrem excludente, in Gesterdings thesauro juris Lubecensis P. 2. S. 353. G. F. Buchholz c. l. §. 14. S. 61.

G. L. Böhmers electa juris civil. Tom. 3. S. 47.

Hagemanns und Günthers Archiv. 6. Th. S. 297.

Vergl. von Balthasar de success. S. 81. von Cramer de interpretatione statutorum. §. 8. S. 33.
Von der Verbindlichkeit der unabgefundenen Kinder, wenn sie mit dem überlebenden Ehegatten, der zur andern Ehe schreitet, theilen wollen, auch dasjenige zur gemeinen Masse zu conferiren, was sie von ihren Vater oder Mutter zur Ausstattung oder sonst empfangen haben, S. *Mev.* II. 2. art. 2. n. 95. art. 8. n. 20. 87. *Brokes* Obs. 578. Stein II. §. 197. und 198. S. 271. *Lyncker* consultat. jur. Select. Vol. 2. p. 958. de divisione et separatione communionis domesticae bonorum ex jure Lubecensi; in Gesterdings thesauro jur. Lubecens. Tom. I. 1787. S. 320 = 346. *Cocceii* de successione ab int. S. 46. 47.

§. 26.

2) Bey der Totaltheilung wird auf die Zeit der Theilung gesehen.

Bei der Totaltheilung, die ein Ehegatte, wenn er zur zweiten Ehe schreiten will, vornehmen muß, siehet man auf die Zeit der Theilung, und wie groß zu dieser Zeit das gemeinschaftliche Vermögen ist, da solches bis zur Theilung vermehret und vermindert werden kann (1).

Die römische Lehre von der Succeßion der Kinder kann hier nicht angewandt werden, indem bei Bestimmung der Legitimae der Kinder, welche blos aus dem nachgelassenen Vermögen des Verstorstorbenen Ascendenten, und auch sofort nach dessen Ableben gefordert werden kann, nur auf die Todeszeit des verstorbenen Erblassers gesehen wird. (2) Bei der Totaltheilung, — welche bei der allgemeinen Gütergemeinschaft, die so lange dauret, bis sie durch die Theilung aufgehoben ist, vorkommt, — erhalten die Kinder nicht aus den Gütern des Verstorbenen, sondern aus dem zur Zeit der Theilung vorhandenen gemeinschaftlichen Vermögen die Hälfte. Diese ist von dem römischen Pflichttheil ganz verschieden, und kann auch nicht sofort nach dem Ableben des Vaters oder der Mutter, sondern nur dann erst, wenn der Theilungsfall eintritt, gefordert werden (3).

(1) Von der Theilung, die innerhalb 4 Wochen vor dem Concurs geschehen, S. *Förtsch* de jure liberorum §. 50.

(2) *Hofacker* princip. jur. rom. germ. §. 1712.

(3) C. F. *Winckler* s. Resp. *Fürstenau* d. de dispositione usufructuaria matris viduae, ex jure Germanico, speciatim Lubecensi. 1767. §. fin. G. F. Buchholtz c. l. §. 23. *Pestel* de success. inter conjug. ab intest. c. 1. §. 7.

§. 27.

3) Ueber das vorhandene Vermögen wird ein Inventarium errichtet.

Nach L. R. bleibt der überlebende Ehegatte in dem Besitz des gemeinschaftlichen Vermögens, bis

bis er zur andern Ehe schreitet, oder eine Theilung vornehmen muß. Eben deshalb muß, wenn es von den Kindern oder deren Vormündern verlangt wird, gleich nach dem Tode des einen Ehegatten ein Inventarium über das vorhandene Vermögen errichtet werden, weil die Güter bis zur Theilung erhalten werden sollen, und der zur andern Ehe schreitende Ehegatte zur Ablegung der Rechnung verbunden ist; dieses aber ein Inventarium voraussetzet (1). Indessen pflegt nur dann erst, wenn die Theilung geschehen soll, ein Inventarium errichtet, und zugleich eine Taxation der einzelnen Sachen vorgenommen zu werden (2). Zur Erläuterung kann folgendes Theilungs-Protocoll dienen.

Actum Bergen, auf Rügen, den 20. Oct. 1768.

Des verstorbenen Postfahrers Zühlen Witwe, gebohrne S., ist entschlossen, mit Peter Martin Schütten zur andern Ehe zu schreiten, und da sie vorher mit ihren 4 Kindern erster Ehe Richtigkeit zu machen gedenket, so ist der heutige Tag dazu pro termino angesetzet worden.

Es sind von dem Postfahrer Zühlen 4 Kinder vorhanden, als Johann Daniel 17 Jahr; Joachim Heinrich 13 Jahr; Catharina Elisabeth 7 Jahr; Martin Engelbrecht 3 Jahr alt.

Damit man nun unter den 4 Kindern und der Witwe Zühlen eine genaue Auseinandersetzung tref-

treffen möge, so soll das ganze vorhandene gemeinschaftliche Vermögen in ein genaues Verzeichniß und zur Taxe gebracht werden, und ist demnach zuerst von den Stadt-Maurer- und Zimmerleuten angeschlagen.

I) Das Haus. Es liegt vor Süden und Norden; vorne von gemauerten, sonst von gekleybmten Fachwerk; mit Ziegeln gedeckt; vor zwey Jahren ganz neu erbauet. Die Ständer an den Wänden des Hauses sind insgesammt von altem, jedoch tüchtigem Eichenholz. Es ist von zehn Verbind. Jedes Verbind wird angeschlagen zu dreißig Rthlr., macht 300 Rthlr.

II) Die Scheune; von 5 Verbind; jedes zu 10 Rthlr. taxirt; macht	50	—
III) Der Koven; von 6 Verbind, jedes zu 10 Rthlr., macht . .	60	—
IV) Der Schweinstall und Bienen-Schur . .	10	—
V) An Acker; 18 Morgen, jeder zu 32 Rthr. . . .	576	—
VI) Der Einschnitt wird auf jeden Morgen gerechnet zu 6 Rthlr., macht für 18 Morgen . .	108	—
VII) An Pferden, (die einzelnen Stücke sind hier und bei den folgenden Rubriken anzugeben) . .	42	—
VIII) An Rindvieh . .	37	—
IX) An Schweinen . .	13	—

Transp. 1196 Rthlr.

Transp.	1196 Rthlr.	—	
X) Gänse . . .	3	—	—
XI) Hühner . .	1	—	—
XII) Bienen . .	4	—	—
XIII) An Silber. Es sind nur 12 silberne Knöpfe vorhanden, wovon unten bei den Kleidungsstücken.			
XIV) Baugeräth, Wagen u. s. f. XV) Kupfer, Messing. XVI) Kleidungen. XVII) Betten u. Leinzeug. XVIII) Hausgeräth. — Die einzelnen Stücke sind genau anzugeben.	81 Rthlr.	7 ßl.	
Summa:	1285 Rthlr.	7 ßl.	

XIX) An ausstehenden Schulden findet sich nichts, als ein illiquider Posten von 10 Rthlr., welcher ausgesetzt ist, und den Vormündern einzufordern aufgegeben wird. Wonächst denn solcher getheilet werden soll.

Von diesem Vermögen geht ab:

1) was die Witwe an Wichmann schuldig ist; . .	21	₰	24 ß
2) Für einen Leichenstein, so der Mutter der Witwe gesetzet ist;	10	„	—
Transp.	31	₰	24 ß

Transp. 31 ℳ 24 ß

3) Die Kosten dieser Richtigkeit (Erbschichtung):

a) An Diaeten	2 ℳ 32 ß	
b) Abschrift des Protocolls u. s. f.	1 „ 16 „	
c) Maurer und Zimmermann	— 24 „	
d) Rathsdiener	— 16 „	
f) Zehrungskosten	1 „ 32 „	
		6 ℳ 24 ß

Schulden u. Kosten betragen 38 ℳ —

Das zu vertheilende Vermögen beträgt mithin, wenn von	1285 ℳ 7 ß
die obigen	38 „ —
abgezogen werden,	
in allen	1247 ℳ 7 ß

Hievon bekommt nach Lübschem Rechte (3)

A) die Mutter, die Hälfte, von	623 ℳ 27½ ß
B) die andre Hälfte von	623 „ 27½ „
	(1247 ℳ 7 ß)

thei-

theilen die 4 Kinder unter sich, in 4 gleiche Theile, und macht die Portion eines jeden 155 ℔ 42¾ ß
155 „ 42¾ „
155 „ 42¾ „
155 „ 42¾ „
= 623 ℔ 42½ ß.

Der künftige Stiefvater Schütte behält dieses Vermögen der Kinder in Händen, und zahlet dieses in Ehren und Nöthen. Er nimmt an, für sie väterlich zu sorgen, und sie gehörig zur Schule zu halten. So lange sie in seinem Hause sind, giebt er ihnen freyen Unterhalt, bis sie in die Lehre oder sonst in Dienst kommen. Dagegen genießt er auch so lange die Zinsen von ihrem Capital, bis sie aus dem Hause gehen. Von welcher Zeit an er ihnen das Capital landüblich, zu fünf von Hundert, verzinset.

Die Mutter, verwitwete Zühlen, hat zu Vormündern der 4 Kinder, den Bruder ihres verstorbenen Mannes, Johann Zühl, und den Bürger Wiechmann erwählet; welche von Waisengerichtswegen confirmiret, und zugleich ermahnet worden sind, für das Wohl der Kinder, nicht nur in Ansehung einer guten Erziehung, sondern auch in Absicht des Vermögens, fleißig und so zu sorgen, als sie es vor Gott und der Obrigkeit zu verantworten sich getrauen.

Bei dieser Richtigkeit sind außer mir Unterschriebenen gewesen, die beyden Camerarii Glade und

und Günther; die Witwe Zühlen, mit ihrem Bräutigam Schütte, und dessen Beystände H. und F.; und von Seiten der Kinder, die beiden vorgedachten Vormünder. Uebrigens ist den Interessenten auf ihr Verlangen die Abschrift dieses Theilungsprotocolls bewilliget worden.

Geschehen, wie oben.

Martin Herrmann Glade.
Phil. Carl. Günther.

In fidem

H. Beetze, ut
Secretar.

(1) L. R. II. 2. art. 21. „Stirbt einem Mann sein Weib, und haben sie mit einander Kinder gezeuget; greift er dann zu der andern Ehe, so soll er Rechnung thun den Freunden seiner Kinder. Will er das nicht thun, so soll man ihn mit Recht fürnehmen, und dazu zwingen, daß er Rechenschaft thun muß." Soll er Rechnung ablegen, so setzt dies voraus, daß ein Inventarium errichtet worden ist.
Mev. II. 2. art. 8. n. 75. sq. und art. 21. in addit.
C. F. Winckler diss. de dispositione usufructuaria matris viduae ex jure Germanico, speciatim Lubecensi. Kil. 1767. §. 14. p. 41.

(2) Können die Interessenten sich wegen der Taxe nicht vereinigen, so wird zur Ausmittelung der Größe der Masse, — auch des darnach zu berechnenden Pflichttheils, wenn ein Kind nur in den Pflichttheil eingesetzet worden wäre, —

zur öffentlichen Versteigerung geschritten. *Mev.* ad Jus Lubecens. III. 13. art. I. n. 21. Hofacker princip. jur. rom. germ. §. 3046. *de Pufendorff* 4. Obs. 110. Struben 2. Bed. 28. *Voet.* de famil. ercisc. c. 6. p. 116. *Id.* ad D. L. 10. tit. 2. §. 22. Consil. Tubing. T. 2. Consil. 166. n. 12. S. 920. Westphals Rechtsgutachten und Erkenntnisse, nach Ordnung der Pandekten. 1 B. 1792. S. 318. n. 17.

(3) Eine solche Totaltheilung ist in hiesigen Städten, wo L. R. gilt, sehr selten. Sie geschahe aber in dem angeführten Fall auf Verlangen des künftigen Stiefvaters, weil die Witwe ihr Eingebrachtes nicht anzugeben wußte. Wie hienächst der Stiefvater nach dem Ableben seiner Frau, zur andern Ehe schreiten wollte, geschahe eine particulaire Abfindung seines Sohns, in Absicht des Mütterlichen, welches nach dem obigen Theilungsprotocoll 623 Rthlr. 27½ ßl. betrug; wovon die Hälfte dem Vater, und die andere Hälfte seinem Sohn zufiel. — Bei dieser partikulairen Theilung verlangten auch die gänzlich abgefundenen 4 Kinder des Postfahrers Zühlen, von dem Mütterlichen Nachlaß ihren Erbtheil, unter dem Vorwande, daß sie nicht ausdrücklich von der Succeßion ausgeschlossen wären, und daß sie nach der Observanz Miterben seyn müßten. Sie wurden aber den 4ten Nov. 1782. mit ihrer Klage von dem Stadtgericht zu Bergen abgewiesen. In der Appellations-Instanz erfolgte am 17. Jun. 1783. eine Reformatoria. Das Königl. Hofgericht aber bestätigte die Entscheidung des Stadtgerichts, unterm 4ten May 1784; und verurtheilte die Appellanten zur Erstattung der dem Appellaten Schütten verursachten Kosten. Diese Entscheidung erhielt die Rechtskraft.

§. 28.

§. 28.

Mit gemeinschaftlicher Beliebung der Interessenten kann eine particulaire Theilung, oder Ausspruch geschehen. Dieser ist an manchen Orten auch der gewöhnliche.

Mit gemeinschaftlicher Beliebung kann vor der anderweitigen Ehe, auch eine particulaire Theilung und Absonderung geschehen. (1) In dem Lübeck- und Hamburgischen gemeinschaftlichen Amte Bergedorf ist nur die particulaire Absonderung üblich. (2) Auch in den Pommerschen und Mecklenburgischen mit Lübschem Rechte bewidmeten Städten ist sie die gewöhnliche. (3) Ordentlicherweise aber muß sie gerichtlich geschehen. Wie ein außergerichtlicher Ausspruch abgefaßt zu werden pflegt, wird folgendes Instrument ersehen lassen:

Demnach zwischen dem Herrn Hauptmann Nicolaus Reinhold von T. und der verwitweten Frau Christina von B., gebohrne von N., ein christliches Ehebündniß gestiftet worden, vor dessen Vollziehung aber die Frau Braut sich entschlossen, ihrer in erster Ehe mit dem Hn. von B. erzeugten einzigen Fräulein Tochter E. J. A. von B. einen Ausspruch vom Väterlichen zu thun, auch zu dem Ende von derselben mit ihrem künftigen Gemahl, dem Herrn Hauptmann von T. und der Fräulein Tochter nächsten Anverwandten väterlicher Seits, dem Herrn F. von B. und dem Herrn Advocat H. der Nachlaß ihres verstorbenen Eheherrns gebührend erforschet worden; so ist deshalb folgender Ausspruch verabredet und hiedurch schriftlich verzeichnet worden. Nemlich:

1) zuvörderst spricht die Mutter, Frau von B., gebohrne von N., ihrer Fräulein Tochter E. J. A. von B. an väterlichem Erbtheil aus fünfhundert Reichsthaler, jetziger guten nach dem Leipziger Fuß von 1690 ausgeprägten Münze; daneben ein vollständiges Stand Betten auf zwei Personen: nicht weniger das in der Anlage A verzeichnete Leinenzeug.

2) versprechen die Frau Mutter und der künftige Hr. Stiefvater, diese ihre Fräulein Tochter standesmäßig zu erziehen, in Kost und anständiger Kleidung bei sich zu behalten, bis dieselbe verheurathet wird, sodann aber derselben den im §. 1. bestimmten Ausspruch unabgekürzt auszukehren; bis dahin, und so lange die Fräulein Tochter dieses alles von ihrer Frau Mutter und Herrn Stiefvater genießet, bleibt bei denselben das Capital der Fräulein Tochter unzinsbar stehen.

3) zur Versicherung dieses Ausspruchs und des versprochenen überhaupt, constituiren die Frau Mutter und der Herr Stiefvater ihrer Fräulein Tochter, sowohl in dem Inventario zu H. und in dieses Gut gezahlten Assecurationsgelde, als

als auch in allen sonstigen, ihren gegenwärtigen und künftigen Gütern, eine sichere Hypothek.

4) die mütterliche Erbschaft wird der Fräulein Tochter ausdrücklich vorbehalten.

5) Obbemeldete beide Oncles der Fräulein von B. sind, als gesetzliche Vormünder derselben, mit diesem Ausspruch zufrieden. Zur Beglaubigung des obbeschriebenen ist dieses Ausspruchsinstrument von gesammten Interessenten eigenhändig unterschrieben und untersiegelt. So geschehen zu H. und Stralsund, den 11 April 1763.

Christina J. verwitwete von B.
gebohrne von N. (L. S.)

Nicolaus R. von T. (L. S.)

Friedrich von B., als Vormund.
(L. S.)

J. F. H.,
in Vormundschaft der Fräulein E. J. A. v. B.

Hat übrigens die verstorbene Frau ihrem Manne nichts zugebracht und kein eigenes Vermögen hinterlassen, so kann auch, wenn dieser zur andern Ehe schreitet, von keiner Theilung des Mütterlichen die Rede seyn, und die Kinder erster Ehe können, in diesem Fall, wie man be-

 hau-

haupten will, nach hiesiger Praxi überall keinen Ausspruch verlangen (5).

(1) L. R. II. 2. art. 31. 33. Der Vater spricht blos von dem Vermögen der verstorbenen Mutter aus; und reserviret seinen Kindern das Recht, ihm künftig zu succediren. Eben so kann die Mutter blos das Vermögen des verstorbenen Vaters zur Theilung bringen, mit Vorbehalt des Mütterlichen Erbtheils. Dieses ist sehr billig, weil bei dem partiellen Ausspruch der überlebende Ehegatte nicht gezwungen ist, sein Vermögen anzugeben und bekannt zu machen; welches bei der Totaltheilung nicht zu vermeiden ist; dieses aber nachtheilig seyn kann. Die partielle Theilung scheinet auch dem Handel sehr zuträglich zu seyn. *Mev.* 9. decis. 37. n. 3.

Um die Kundmachung des Vermögens zu verhindern, pflegt zuweilen auch wohl nur ein außergerichtlicher Ausspruch zu geschehen, und von dem Vater und den Vormündern versiegelt dem Rath oder Waisengerichte überreicht und angenommen zu werden.

(2) Klefeker Sammlung der Hamb. GG. 10 Th. S. 627. 643.

(3) Stralsundische Waisengerichtsordnung von 1593. Tit. 1. art. 8. Pommersche Policeyordnung von 1681. c. 17. „Würde in den Städten Einer von den Eltern, welche sammt den Unmündigen nachgeblieben, zur andern Ehe schreiten wollen; soll ihm solches nicht eher zugelassen werden, als bis er den Unmündigen Vormünder ausgebeten, auch confirmiren lassen, und denselben ihr Antheil Guts,

Guts, welches ihnen von des verstorbenen Vaters, oder Mutter wegen angefallen ist, ausgesprochen und versichert hat." *Mev.* 9. decis. 37. —

Der Verfasser dieser Pomm. Policeyordnung ist Mevius, ehemaliger Syndicus zu Stralsund, und nachmaliger Vice-Präsident des K. Tribunals zu Wismar. Hn. Canzleyraths Gadebusch Schwedisch-Pommersche Staatskunde. 1 Th. S. 322. f. — Nach den Statuten der Stadt Wismar art. 23. und dem Rostockischen Stadtrecht von 1757. II. 2. art 12. ist gleichfalls nur ein particulairer Ausspruch erforderlich.

(4) Der gerichtliche Ausspruch, der von den Vormündern gerichtlich genehmiget, und vom Rath bestätiget worden ist, kann nicht leicht unter dem Vorwand einer Verletzung angefochten werden. L. R. I. 7. art. 10; da solcher praevia causae cognitione geschehen und unter öffentlicher Auctorität bestätiget ist. *ab Engelbrecht* consultat. Gryphiswald. Resp. 73. n. 40.

Nach einer Lübeck- und Hamburgischen Verordnung vom 12 April 1627. müssen alle Aussprüche gerichtlich geschehen und in ein besonders dazu bestimmtes Buch eingeschrieben, auch dabei jedesmahl den Kindern und Eltern ihre abgesagten Gelder und Alimenten in dessen Gütern, der den Ausspruch gethan, versichert werden. Diese Verordnung steht in *Büneckau* bibl. j. Lubec. p. 107. n. 20.

Brokes obs. 403. de assignatione liberis decreta, judicialiter facienda.

Zu wünschen wäre es, daß diese Verordnung besonders in den kleinen Städten beobachtet werden müßte, da bei manchem Waisengericht der Fall eingetreten ist, daß das Ausspruchsprotocoll verlohren gegangen, und der Ausspruch in der Folge, da die zur Zeit des Ausspruchs vorhandenen Mitglieder des Waisengerichts gestorben, auch keine Vormünder bestellet gewesen waren, nicht erwiesen werden können, welcher Beweis doch leicht zu führen ist, wenn die Ausspruchsprotocolle in einem besonders dazu bestimmten Gerichtsbuch eingezeichnet werden müssen. Zu Gützkow ist nach dem §. 44. des von der Königl. Regierung unterm 20 Sept. 1793. für diese Stadt publicirten Stadt-Reglements, ein solches Buch eingeführet. In dem angeführten §. 44. heißt es deshalb: „Auch soll ein Vormundschaftsbuch eingerichtet, und vom Bürgermeister und Secretario geführet werden, worin auf der einen Seite die Vormundschaften und Curatelen, so wie selbige verordnet sind, die Namen der Erblasser, der Minderjährigen und Curanden, so wie der Vormünder und Curatoren; auf der andern Seite aber die mit den Vormündern und Curatoren etwa vorgegangene Veränderungen, desgleichen, wann ehe die Vormundschaften und Curatelen geschlossen worden, zu verzeichnen sind." In diesem Buche werden auch die Aussprüche eingezeichnet.

(5) Die richterlichen Erkenntnisse der Untergerichte sind, so viel man weiß, in dergleichen Fällen, da der verstorbene Ehegatte kein eigenes Vermögen gehabt und hinterlassen hatte, sehr verschieden ausgefallen.

Zu-

Zuweilen erkannte man, daß der überlebende Ehegatte zu keiner Theilung verbunden sey; weil in der Pommerschen Policey-Ordnung, cap. 17. Von unmündigen Kinder Vormünder, verschiedenes de separatione liberorum alterius, wider das Lübsche Recht verordnet seyn soll; — wie Riccius von den Stadtgesetzen Lib. I. Cap. 6. §. 6. bezeuget; — und darin auch folgendes ausdrücklich festgesetzet worden ist:

„Würde in den Städten einer von den Eltern zur andern Ehe schreiten wollen, so soll solches nicht eher zugelassen werden, als bis ein solcher Vater, oder Mutter, seinen unmündigen Kindern ihr Antheil Guts, welches ihnen des verstorbenen Vaters oder Mutter wegen, angefallen ist, ausgesprochen hat."

Zum öftern aber ward erkannt, daß der überlebende Ehegatte, nach Vorschrift des Lübschen Rechts, zu theilen schuldig sey. Diese Entscheidung ist dem Geiste des Lübschen Rechts ganz gemäß, und scheinet richtiger zu seyn, da das Lübsche Recht in hiesigen Städten angenommen ist, nach solchem aber eine allgemeine Gütergemeinschaft unter den Eheleuten statt findet, und deshalb, wenn der längstlebende Ehegatte zur andern Ehe schreiten will, zum Besten der Kinder erster Ehe, eine Abfindung derselben, indem sie ohnehin an des verstorbenen Ehegatten Stelle getreten sind, geschehen muß, ohne darauf, ob der Verstorbene viel oder wenig, oder gar kein Vermögen nachgelassen habe, Rücksicht zu nehmen.

Die Pommersche Policey-Ordnung, welche eigentlich nur die Pflichten der Vormünder bestimmen wollen, und von keiner Abänderung des Lübschen Rechts spricht, sondern nur beiläufig der particulairen Theilung, weil solche hier die gewöhnlichste ist, und in der Voraussetzung, daß solche geschehen könne, erwehnet, hat so wenig die Lübeckische allgemeine eheliche Gütergemeinschaft, als die Totaltheilung aufheben wollen, auch nicht verordnet, daß, im Fall der verstorbene Ehegatte kein Vermögen nachgelassen habe, überall kein Ausspruch geschehen solle. Die Totaltheilung ist zufolge des Lübschen Rechts auch in den hiesigen Städten üblich, obgleich sie seltener vorkommt.

Uebrigens kann durch die Entscheidungen der Unterrichter keine rechtsgültige Praxis und Observanz eingeführet werden. M. H. Gribner de observantiis collegiorum juridicorum. §. 6. et 29. in *Ej.* opusc. Tom. 4. S. 86.

§. 29.

Ein Ehegatte, der ohne Theilung zur andern Ehe schreitet, verliehret seine statutarische Portion.

Wenn der überlebende Ehegatte zur andern Ehe schreitet, so muß vor Vollziehung derselben, in der Regel eine ordentliche Theilung geschehen. Indessen kann auch mit Einwilligung der Kinder, oder deren Vormünder, wenn nemlich die Kinder noch unmündig sind, eine particulaire Theilung vorgenommen und den Kindern das Recht, dem überlebenden Ehegatten künftig zu succediren, vorbehalten werden.

Schrei-

Schreitet der überlebende Ehegatte zur andern Ehe, ohne vorher seine Kinder erster Ehe auf eine oder die andre Art abgefunden zu haben, so fallen die ungetheilten Güter des zuerst verstorbenen Ehegatten an die Kinder erster Ehe, und der überlebende Ehegatte, der ohne eine Total- oder Partialtheilung zur andern Ehe geschritten ist, verliehret seine statutarische Portion, (1) die er sonst, wenn eine Theilung oder Ausspruch geschehen wäre, erhalten haben würde (2).

(1) L. R. II. 2. art. 28. *Mev.* II. 2. art. 5. n. 6. art. XI. n. 32. art. 12. n. 23. art. 29. n. 18. *Ej.* decision. S. R. Trib. Wismar. P. 4. D. 392. *Cothmann* Vol. 2. Resp. 96. n. 41. sq. Stein II. §. 233. S. 311. *Mantzel* Selecta jur. Rostoch. I. S. 139. Dreyers Einleitung zur Kenntniß der Lüb. Verordn. S. 300. XXV. add. *Stryck* de success. ab int. Diss. 2. cap. 3. §. 10. qu. 2. p. m. 189. *Förtsch* de jure liberorum circa bona parentum §. 19.

(2) Der Verlust der statutarischen Portion tritt ipso jure ein, von Zeit der zweiten Ehe, da die Theilung hätte geschehen sollen. *Stryck* de success. ab intestato Diss. 2. cap. 3. §. 10. S. 189; mithin auch in dem Fall, wenn erst einige Jahre nach der zweiten Heurath, mit den Kindern erster Ehe eine privat Theilung, ohne Zuziehung der Vormünder, und ohne ein Inventarium herauszugeben, oder Rechnung abzulegen, außergerichtlich vorgenommen worden ist; da die Theilung vor der Vollziehung der zweiten Ehe geschehen muß. *Stryck* c. l. S. 186. Der zur zweiten Ehe geschrittene Ehegat-

gatte muß auch die im Besitz behaltenen Güter seines ersten Ehegatten mit den Verzugszinsen, von Zeit der andern Ehe angerechnet, den Kindern erster Ehe aushändigen. *Stryck* c. l.

§. 30.

Stirbt der ohne Theilung zur andern Ehe geschrittene Ehegatte, so wird blos sein eigenes nachgelassenes Vermögen, nach den Köpfen, oder zur Hälfte getheilet.

Ist der zur andern Ehe ohne vorhergegangene Theilung geschrittene Ehegatte gestorben, so kann, — da die Güter des zuerst verstorbenen Ehegatten an die Kinder erster Ehe gefallen sind, — blos sein eigenes Vermögen zur Theilung kommen, mithin nur eine particulaire Theilung vorgenommen werden, die jedoch, nachdem die zweite Ehe beerbt, oder unbeerbt ist, nach den Köpfen, oder zur Hälfte geschiehet.

War I) die zweite Ehe beerbt, so müssen A. zuvor die Schulden bezahlet werden, sie mögen in der ersten, oder zweiten Ehe gemacht seyn. Nur die Kosten der zweiten Hochzeit sollen den Kindern erster Ehe nicht angerechnet werden (1).

Nach Abzug der Schulden, nehmen B. die Kinder erster Ehe das Vermögen ihres zuerst verstorbenen Vaters oder Mutters vorweg; so wie

wie auch hienächst C. der überlebende Ehegatte zweiter Ehe sein eigenes Vermögen vorwegnimmt (2). D. Das übrige Vermögen des Verstorbenen, welcher ohne Theilung zur zweiten Ehe geschritten war, wird zwischen des Verstorbenen sämmtlichen Kindern erster und anderer Ehe, und dem überlebenden Ehegatten, nach den Köpfen getheilt (3).

Ist II) die zweite Ehe unbeerbt: so nehmen die Kinder erster Ehe, wie im vorigen Fall, nach geschehener Bezahlung der Schulden, gleichfals das Vermögen ihres zuerst verstorbenen Vaters oder Mutter voraus; so wie auch der längst lebende Ehegatte zweiter Ehe sein eigenes Vermögen vorwegnimmt; das übrige Vermögen des Verstorbenen, der zur zweiten Ehe, mit Vernachläßigung der gesetzlichen Theilung geschritten war, wird in zwei Theile getheilt, wovon die eine Hälfte den Kindern erster Ehe, und die andre Hälfte dem längst lebenden Ehegatten zweiter Ehe zufällt (4).

(1) L. R. II. 2. art. 26. „Die Unkosten zur Hochzeit und hochzeitliche Kleider, sollen nicht von der ersten Kinder Gut bezahlt und gegolten werden."

(2) *Mev.* II. 2. art. 28 in addit. 36.

(3) *Cothmann* Vol. I. Resp. 5. n. 140. sq.

(4) L. R. II. 2. art. 28. „Verehelicht sich eine Jungfrau, oder Witfrau mit einem Mann und

und zeugen mit einander Kinder, die ihren Vater überleben: nimmt sie dann einen andern Mann und zeuget auch Kinder mit ihm, und das Gut bleibt ungeschichtet und ungetheilt: Stirbt die Frau darnach, daß der Mann also Theilung halten muß: So sollen die Kinder erster Ehe zuvor nehmen ihres Vaters Gut; ihrer Mutter Gut aber sollen sie mit dem andern Manne und seinen Kindern gleich theilen nach Hauptzahl. Ist auch Schuld vorhanden, die soll man von dem gemeinen Gut zuvor bezahlen.

Also auch, wenn die Frau verstirbt, und der Mann nimmt ein ander Weib, und zeuget abermal Kinder und verstirbt auch: So nehmen die Kinder der ersten Ehe ihrer Mutter Gut, und die andre Frau auch ihr zugebrachtes Gut, und theilen alsdann ihres Vaters Gut, die Witwe mit den ersten und andern Kindern, nach Hauptzahl.

Bleibt aber die letzte Frau, oder der letzte Mann unbeerbt, und soll theilen mit den Kindern erster Ehe: so nimmt ein Jeder, — er sey der Mann oder die Frau, — sein zugebrachtes Gut; also auch die Kinder der ersten Ehe, ihres verstorbenen Vaters oder Mutter Gut zum voraus. Was alsdann von der Erbschaft wird übrig bleiben (nach Abzug der etwa vorhandenen Schulden), das sollen sie theilen in zwei Theile, die Frau oder Mann ein Theil, die Kinder auch ein Theil."
Caroc Historie des Lübschen Rechts. S. 56. *Winckler* triga exercitat. Exerc. 2. §. 4. S. 43. *Cothmann* Vol. 4. Resp. 21. n. 1. und 8. S. 206. *Gerdes* differ. 66. cf. *de Balthasar* de succ. S. 45.

§. 28.

§. 31.

Ein Ehegatte, der bei seiner anderweitigen Verheirathung eine particulaire Theilung vorgenommen hat, verlieret seine statutarische Portion nicht, und dessen Nachlaß theilen die Kinder erster Ehe mit ihrem Stiefvater oder Mutter und ihren halb Geschwistern zu gleichen Theilen.

Ist bei der anderweitigen Verheiratung des längst lebenden Ehegatten eine particulaire Theilung gehörig geschehen, so können die Kinder erster Ehe nicht die sämtlichen Güter ihres verstorbenen Vaters oder Mutter, sondern nur ihren Ausspruch vom Väterlichen oder Mütterlichen verlangen, und der zur andern Ehe geschrittene Ehegatte verliehret seine statutarische Portion nicht.

Stirbt hienächst der zur zweiten Ehe geschrittene Ehegatte, z. B. die Mutter, und hinterläßt auch Kinder zweiter Ehe, so nehmen die Kinder erster Ehe ihren Ausspruch vom Väterlichen voraus, und theilen ihrer Mutter Gut mit ihrem Stiefvater und Halbgeschwistern zu gleichen Theilen.

Gesetzt also, die Witwe B. nimmt bei ihrer anderweitigen Verheirathung ihre Illata und was ihr sonst der Mann geschenkt hatte, vorweg, und thei-

theilet mit Einwilligung der Vormünder, blos das Vermögen ihres verstorbenen Mannes A. mit ihrer einzigen Tochter erster Ehe C. zur Hälfte;

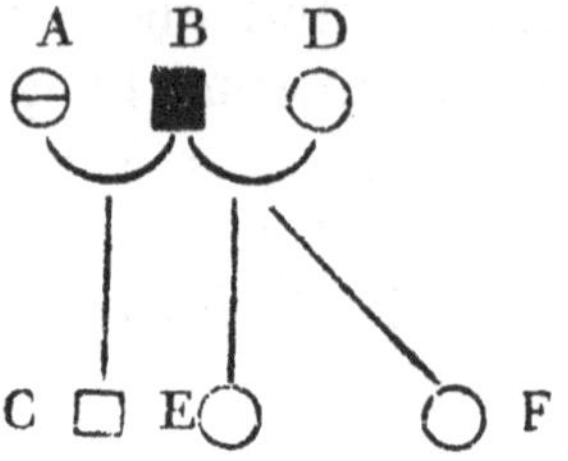

reserviret auch ihrer Tochter das mütterliche Erbtheil; hinterläßt hienächst bei ihrem Ableben ihre einzige Tochter erster Ehe und zwei Kinder zweiter Ehe E. F; so kann die Tochter erster Ehe nicht das ganze Vermögen ihres zuerst verstorbenen Vaters A, sondern nur ihren Ausspruch vom Väterlichen vorwegnehmen; und sodann muß sie den Nachlaß ihrer Mutter B mit ihrem Stiefvater D. und Halbgeschwistern E. F. zu gleichen Theilen, nach den Köpfen theilen (1).

Der Stiefvater ist übrigens nicht verbunden, seine eigenen Güter, die er seiner Ehefrau zugebracht, oder die er während der Ehe erworben hat, mit den Kindern erster Ehe zu theilen (2).

(1) C. F. *Winckler* de privigna, accepto tutorum sponte solo paternorum semisse, cum vitrico et uterinis matri in capita succedente. 1758. in

triga

triga exercitat. Exerc. 2. *Büneckau* bibl. jur. Lubec. p. 103.

(2) *Joh. Pommeresch* Resp. de vitrico sua bona de jure Lubecensi cum privignis non dividente; in *ab Engelbrecht* consultat. Gryphiswald. Resp. 68. S. 392.

§. 32.

β) Von der Succeßion der abgefundenen Kinder.

Ist die Ehe beerbt, es sind aber keine unabgefundene, sondern nur allein abgefundene Kinder vorhanden, so succediren die abgefundenen Kinder ihren leiblichen Eltern ab intestato, und gehen als die nächsten Verwandte, allen übrigen Intestat-Erben ihrer Eltern vor. (1) Indessen succediren die abgefundenen Kinder doch nicht sogleich nach dem Ableben eines von ihren Eltern, sondern das nachgelassene Vermögen bleibt bei dem überlebenden Vater oder Mutter. Erst nach dem Tode des längst lebenden Ehegatten und respective Vaters oder Mutters fällt das Vermögen auf die abgesonderten Kinder, als nächsten Erben, nach Erbgangsrecht (2).

Auch Kindeskinder, obgleich sie abgefunden sind, gehen als die nächsten Intestat-Erben, den Geschwistern und entferntern Verwandten ihres Grosvaters und Grosmutters vor (3).

Uebrigens sind die abgefundenen succedirenden Kinder nicht verbunden, dasjenige zu conferiren, was sie durch die Abfindung erhalten haben (4).

(1) L. R. II. 2. art. 1.

(2) L. R. II. 2. art. 6. und art. 16. Stein II. §. 201. und §. 245. S. 334. *G. F. Buchholtz* an et quatenus parenti superstiti — testari liceat. §. 6. S. 25.

(3) L. R. II. 2. art. 23. „Obgleich Kindeskinder abgesondert sind mit ihrem bescheidenen Theil Guts: doch sind sie näher, Erbe zu nehmen von ihrem Großvater oder Großmutter, dann derselben Großeltern Brüder oder Schwestern." *Stryck* in jure Lubec. c. 9. §. 15. (in oper. T. 2. S. 543).

(4) *Mev.* II. 2. art. 33. n. 55. Stein II. §. 201. und §. 245. *Büneckau* de separat. liber. §. 27. *Hofacker* princip. jur. rom. Germ. §. 1666.

§. 33.

Von der Succeßion und Abtheilung abgefundener Kinder aus mehrern Ehen, im Fall die letzte Ehe unbeerbt ist.

Hat ein Mann, der mehrmalen verehelicht gewesen ist, jedesmahl vor der anderweitigen Ehe, seine Kinder voriger Ehe völlig abgefunden und stirbt ohne Kinder aus der letzten Ehe zu hinterlaslassen: So nimmt die unbeerbte Witwe ihr Eingebrachtes, und was ihr sonst von ihrem verstorbenen Manne geschenkt worden ist, voraus. Das übrige Vermögen des verstorbenen Ehegatten, der sich mehrmahlen verheirathet hatte, wird in zwei Theile getheilet; wovon die eine Hälfte der überlebende unbeerbte Ehegatte, als statutarische Portion, die andre Hälfte aber sämmtliche vorhandene abgefundene Kinder der vorigen Ehen erhalten; (1) ohne daß ein Kind zur Collation desjenigen, was solches etwa zur Ausstattung oder sonst bekommen hat, verbunden ist (2).

Ist eine Witwe zur andern Ehe geschritten, nachdem sie ihre Kinder erster Ehe völlig abgefunden hatte, und stirbt ohne Kinder aus der zweiten Ehe zu hinterlassen, so muß der Stiefvater gleichfalls den Nachlaß seiner verstorbenen Ehefrau mit den Kindern erster Ehe zur Hälfte theilen. Gleichviel, es mögen in der letzten Ehe gar keine Kinder erzeugt, oder solche vor der Erblasserin wieder gestorben seyn (3).

(1) L. R. II. 2. art. 5. „Wenn ein Mann ein Weib nimmt, und sie Kinder mit einander zeugen; stirbt die Frau, der Mann muß theilen mit seinen Kindern.

Verehelicht er sich zum andern mahl und zeugt Kinder; stirbt die Frau, er theilet gleichergestalt mit den Kindern der andern und nicht der ersten Ehe.

Nimmt er zum drittenmahl ein Weib, und zeugt auch Kinder mit ihr; stirbt dann die Frau, so muß der Mann theilen mit den letzten Kindern.

Würde er aber keine Kinder haben mit der letzten Frau: so nimmt die Frau zuvor ihren Brautschatz und was sie sonst zu ihm gebracht. Hat er ihr darüber etwas gegeben, das mag sie auch behalten.

Was übrig seyn wird, davon nehmen die Kinder erster und anderer Ehe die Hälfte, und die Frau die andre Hälfte."

Mev. ad h. art. 5. n. 42. Caroc Historie des L. R. S. 57. *Cothmann* Vol. 4. Resp. 27. n. 5. Stein II. S. 336. *Helwig* Responsum: Liberi a matre ad secunda vota transeunte, licet sint separati, nihilo minus succedunt in dimidiam hereditatis matris defunctae, altera dimidia, deductis tamen meliorationibus atque aere alieno, intuitu uxoris contracto, apud vitricum remanente." in *ab Engelbrecht* consultat. Gryphisw. Resp. 21. S. 94.

In dem pacto separationis kann indessen ausbedungen werden, daß der zweite Ehegatte, z. B. der zweite Ehemann, im Fall aus der zweiten Ehe keine Kinder erfolgen, seines verstorbenen Ehegatten, z. B. seiner Frauen Erbschaft allein haben solle. *ab Engelbrecht* consultat. Gryphisw. Resp. 83. und Resp. 21. n. 15. sq.

(2) *Cothmann* Vol. I. Resp. 24. S. 207. (Edit. 1662). *Mev.* II. 2. art. 5. n. 34. sq. und art. 28. n. 90. *Brokes* obs. 578. S. 597. „Privigni ea, quae a vivo patre acceperunt, novercae improli non conferunt."

(3) *Helvig* c. l. in *ab Engelbrecht* consultat. Gryph. Resp. 21. S. 94—96.

§. 34.

§. 34.

b) Dritte Classe.

A) Vollbürtige Geschwister eines Abgefundenen.

Stirbt ein abgefundenes Kind X, ohne Kinder und Enkel zu hinterlassen, so succediret nicht dessen Vater und Mutter, sondern sein vollbürtiger Bruder und Schwester C.

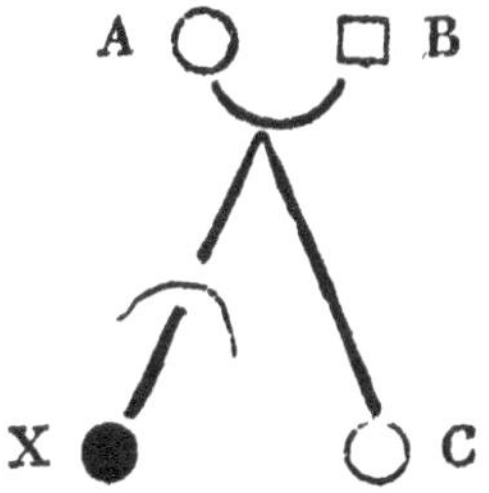

In der dritten Classe muß also I) der Verstorbene ein gänzlich abgefundenes Kind seyn, und keine Kinder und Enkel nachgelassen haben. War der Verstorbene von seinen Eltern nicht abgesondert gewesen, so succediret ihm vermöge der Gütergemeinschaft sein Vater und Mutter, mit Ausschluß der Geschwister des Verstorbenen (1).

Daher heißt es im lübschen Recht, (II. 2. art. 1.): „die dritten sind Bruder und Schwester, wenn sie abgesondert sind.“

Diese Worte: „wie sie abgesondert sind:“ sind nicht von dem succedirenden Bruder oder

Schwester, sondern von dem verstorbenen abgefundenen Bruder, welchem succedirt wird, zu verstehen. (2) Denn einem Abgefundenen succediren auch unabgesonderte Geschwister, mit Ausschluß des Vaters und der Mutter. Einem Unabgefundenen hingegen succediren nicht die Geschwister, sondern die Eltern.

II) Was die in der dritten Classe succedirenden Personen betrift, so succediren A) nicht nur die abgefundenen, sondern auch die unabgefundenen Brüder und Schwestern eines verstorbenen Abgefundenen; jedoch mit diesem bemerklichen Unterschiede, daß a) zuerst die mitabgefundenen (Separati), und wenn diese nicht vorhanden sind, sodann b) die unabgefundenen Geschwister (non separati) zur Succeßion gelangen (3).

Jedoch können B) in der dritten Classe nur **vollbürtige** Brüder und Schwestern eines ohne eheliche Descendenten verstorbenen abgefundenen Bruders zur Succeßion gelangen. Nur der vollbürtige Bruder und Schwester schließt die Eltern aus. Halbgeschwister stehen nach den Eltern in der fünften Classe (§. II).

(1) L. R. II. 2. art. 6. „Wann ein Mann und Frau Kinder mit einander haben, verstirbt ihrer eins, es sey Mann oder Weib: welches überbleibt, das theilet das Gut, (wenn der überlebende zur andern Ehe schreitet) mit den Kindern, so nicht abgesondert sind.

Ver=

Verstürbe nun der Kinder eines, mit welchen die Eltern dermaaßen getheilet, ehe und zuvor die Kinder unter sich selbst getheilet hätten: (III. 9. art. 3.) so vererbt das verstorbene abgefundene Kind seinen Theil auf die andern Geschwister, welche mit ihm im gesammten Gut gesessen, zu gleichen Theilen; wes Alters die auch seyn, jung oder alt.

Hätten sich die Eltern aber nicht abgetheilet von den Kindern: so verfällt das Gut des verstorbenen Kindes auf die Eltern, so noch im Leben sind." (mit Ausschluß der Geschwister des Verstorbenen.) Dreyers Samml. verm. Schriften. I. S. 100. *Cocceii* de success. c. 7. p. 37.

II. 2. art. 13. „Vollbrüder und Vollschwestern sind näher, wann sie, (die Verstorbenen) abgeschieden sind, dann Vater und Mutter. Sofern aber sie, (die verstorbenen Kinder) nicht abgesondert sind: so sind die Eltern näher, dann Brüder und Schwestern." *Mev.* II. 2. art. 13. und art. I. n. 51. *Carmon* de abdicat. liberor. Sect. 4. §. 7. S. 56. S. Eisenharts Grundsätze des d. R. in Sprichwörtern. 1792. S. 273. — Eltern succediren zwar nach gemeinem Rechte zugleich mit den vollbürtigen Geschwistern und Geschwisterkindern; aber nicht nach Lübschem Rechte.

(2) *Mev.* II. 2. art. 1. n. 51.

(3) L. R. II. 2. art. 7. „Sind Kinder von ihren Eltern abgesondert und deren eins ohne Leibes-Erben verstürbe: das vererbt sein nachgelassen Gut auf seine mitabgesonderte Brüder und Schwestern. Wo aber derselben keine vorhanden, alsdann auf die unabgesonderten

Brüder. Wäre aber kein abgesondertes und unabgesondertes Kind, oder deren Leibeserben mehr am Leben; so fällt das Gut an die Eltern." Vergl. Krohn v. d. vollen Geburt. I. Th. S. 140. §. 3.

§. 35.

B) und vollbürtige Geschwisterkinder.

Mit den vollbürtigen Geschwistern eines gänzlich abgefundenen Bruders succediren zugleich vollbürtige Geschwister Kinder jure repraesentationis und gehen den Eltern vor (1).

Sind nur allein vollbürtige Brüder vorhanden, so succediren sie nach den Köpfen. Sind blos Brüderkinder die nächsten Erben, so succediren sie gleichfalls nach den Köpfen, ohne Repräsentationsrecht (2). Concurriren hingegen Brüder mit Brüderkindern, so succediren diese nach den Stämmen (3).

Uebrigens gehet des verstorbenen vollbürtigen Bruders Sohn A. der dritten Classe, dem Vaterbruder B. vor, da letzterer in der siebenten Classe stehet. (4) Beide concurriren also nicht in der Erbfolge, indem sie zwar in gleichem Grade, aber nicht in eben der Classe stehen, und eine vorstehende Classe die nachstehende ausschließt. Das Schema ist dieses:

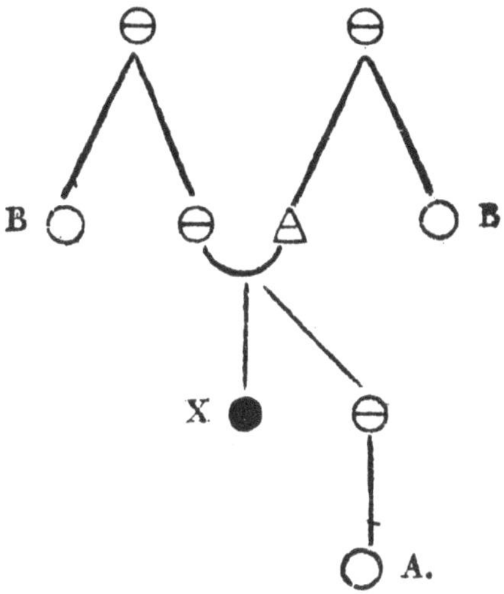

(1) Ob mit den Brüdern oder Schwestern auch Geschwister Kinder jure repraesentationis succediren, und diese mithin den Eltern des Verstorbenen vorgehen, ist in dem art. I. tit. 2. Libr. 2. jur. Lub. nicht bestimmt. Der art. 7. scheinet hierüber deutlicher zu seyn, wo es heißt: „Wäre aber kein abgesondertes und unabgesondertes Kind und derselben Leibeserben mehr am Leben."

Nach dem öffentlichen Attestat E. Hochw. Raths zu Lübeck vom 4 März 1758. ist das jus repraesentationis überhaupt in successione collateralium zu Lübeck angenommen, und Kraft dessen die Brüderkinder cum fratribus germanis zur Erbschaft des vollbürtigen Bruders oder Schwester beständig zugelassen worden, auch ihrer verstorbenen vollbürtigen Eltern

tern halbbürtige Brüder und Schwestern ausgeschlossen haben." Es ist dies Attestat in *Brokes* Obs. 520. S. 543; in Klefekers Sammlung der Hamb. Gesetze IV. S. 538, in von Balthasars d. de succ. ab int. S. 51. abgedruckt. *Bünekau* bibl. jur. Lubec. S. 87. Dreyers Einleitung zur Kenntniß der L. R. S. 322. f.

Das Eintrittsrecht hat indessen nicht weiter als in den Fällen, wo von der Successione ex capite proximitatis die Rede ist, statt; nicht aber in der Successione descendentium et collateralium ex capite condominii et communionis. Dreyers Einleitung S. 328. Krohn von dem Vorrechte der vollen Geburt I. Th. S. 154.

(2) Attestat E. Hochw. Raths zu Lübeck vom 17 May 1693, daß volle Brüder und Schwester Kinder, wenn deren Eltern insgesammt verstorben sind, ihrer Eltern Brüdern und Schwestern, nach Einhalt der Reichsconstitution, in capita succediren." *Bünekau* bibl. j. Lubec. p. 87.

In der Classe der Descendenten succediren die Enkel, wenn sie allein vorhanden sind, nicht in capita, sondern allemahl jure repraesentationis nach Stämmen; hingegen Geschwisterkinder, wenn sie allein vorhanden sind, succediren stets in capita. *de Canngiesser* decis. S. Tribunal. Hasso-Cassell. decis. 173.

(3) *Mev.* II. 2. art. I. n. 20. 59. und ad art. 7. n. 20. *Hofacker* principia jur. rom. germ. §. 1425.

(4) L. R. II. 2. art. 18. „Des Verstorbenen vollen Bruders- oder Schwester-Kind ist näher, Erbe zunehmen, als des Verstorbenen (vollen

len und halben) Mutter= oder Vater=Schwester und Bruder."

Was in art. 18. von des verstorbenen Mutter= oder Vater=Schwester, und Mutter= oder Vater=Bruder verordnet ist, gilt von des Verstorbenen halben und vollen Mutter= oder Vater=Schwester. von Cramer Wetzl. Nebenst. 6. Th. n. 6. S. 118. *Brokes* Obs. 595. de fratrum liberis, patruum defuncti excludentibus.

Der angeführte art. 18. stehet auch schon in einer alten Handschrift des Lübschen Rechts von 1240. art. 173. in von Westphalen Monument. ined. Tom. 3. S. 659.

Uebrigens geht dem Vaterbruder allemahl und ohne Unterschied des Verstorbenen Brudersohn vor, es mag der Verstorbene abgefunden oder nicht abgefunden gewesen seyn.

§. 36.

1) Bei der Erbfolge der vollbürtigen Geschwister eines abgefundenen Kindes wird eine gänzliche Absonderung vorausgesetzt.

Den abgesonderten Brüdern und Schwestern, wenn sie unbeerbt verstorben sind, succediren vollbürtige Geschwister und Geschwisterkinder. Der Verstorbene muß aber von seinen Eltern gänzlich, mithin in Ansehung des ganzen gemeinschaftlichen Vermöges, — und nicht blos in Ansehung der väterlichen, oder mütterlichen Güter, — abgefunden gewesen seyn (1).

Der

Der Grund dieser Succeßion des vollbürtigen Bruders in der dritten Classe ist also die gänzliche Absonderung, (2) welche mit der gänzlichen Abschließung von der vermöge der Gütergemeinschaft zustehenden Succeßion verbunden ist, und die Folge hat, daß die Eltern auch nicht als nächste Verwandte, ihren gänzlich abgefundenen Kindern ab intestato succediren können, so lange vollbürtige Geschwister und Geschwisterkinder vorhanden sind (3).

(1) *Joh Pommeresch* de liberis, ut et fratribus sororibusque separatis, jure Lubecensi ab hereditate non separatorum exclusis; in *ab Engelbrecht* select. consultat. Gryphiswald. Resp. 90. S. 397.

(2) *Brokes* Obs. 520.

(3) L. R. II. 2. art. 1. „Die Dritten sind (voll) Brüder und Schwestern, wenn sie (die Verstorbenen) abgesondert sind. Die Vierten Vater und Mutter.“
II. 2. art. 13. „Vollbrüder und Vollschwestern sind näher, wenn sie (die Verstorbenen) abgeschieden sind, denn Vater und Mutter.“
II. 2. art. 33. „Der Ausspruch soll geschehen und verstanden werden von allem ihren Gute, väterlichen und mütterlichen. Und das sind und heißen nach unserm Rechte abgesonderte und abgetheilte Kinder.“

§. 37.

2) Von der Erbfolge der Geschwister, wenn bei der anderweitigen Verheirathung ihres

res Vaters oder Mutter die Abtheilung unterblieben war.

Ein Ehegatte, der zur zweiten Ehe schreitet, muß vor Vollziehung derselben, seine Kinder erster Ehe gehörig abfinden. Unterläßt er dies, und ist er ohne vorhergehende Total- oder Partialtheilung zur andern Ehe geschritten, so verliehret er, von Zeit der zweiten Ehe angerechnet, ipso jure seine statutarische Portion, und das ganze nachgelassene Vermögen des zuerst verstorbenen Vaters oder Mutter fällt den Kindern erster Ehe an (1).

Stirbt nun während der zweiten Ehe eines von diesen Kindern, welchen das ganze Vermögen ihres verstorbenen parentis angefallen war, so succediren blos die Geschwister des verstorbenen Kindes und schließen den ohne Theilung zur andern Ehe geschrittenen Vater oder Mutter, aus (2).

(1) *Mev.* II. 2. art. 29. n. 18. *Stryck* de success. ab. int. §. 189.

(2) *Cocceii* de succ. ab int. c. 8. §. 55 — 57. Das Gesetz hat den zur zweiten Ehe ohne vorhergegangene Theilung geschrittenen Ehegatten, wegen der gesetzwidrig unterlassenen Theilung zur Strafe von der Verlassenschaft seines ersten Ehegatten ganz ausgeschlossen. Der Einwand, daß Eltern nach dem art. 13. ihren unabgefundenen Kindern mit Ausschluß der Geschwister succediren, kommt hier um so weniger

ger in Betracht, als die Absonderung bei der zweiten Heirath nicht von dem freien Willen des parentis abhängt, sondern nothwendig geschehen soll. Hat er nun das, was das Gesetz ihm vorgeschrieben hat, unterlassen, so handelt er ungebührlich, und es kann ihm aus seiner gesetzwidrigen Handlung kein Vortheil erwachsen. Die Theilung bei der zweiten Heirath ist auch zum Besten der Kinder erster Ehe angeordnet worden. Die Unterlassung derselben darf den unschuldigen Kindern nicht zum Nachtheil gereichen. Sie werden daher für abgetheilte Kinder gehalten, in sofern dies zu ihrem Vortheil gereicht. Stirbt also eines von diesen Kindern, so succediren dem defuncto, als einem Abgefundenen, seine Brüder und Schwestern, mit Ausschluß des zur zweiten Ehe geschrittenen Vaters oder Mutter. *Stryck* de successione ab intestato Diss. 2. cap. 3. §. 10. quaest. I. S. 189. Sie succediren auch ihrem parenti, obgleich Kinder zweiter Ehe vorhanden sind. II. art. 28.

§. 38.

c) Vierte Classe.

Der Vater und die Mutter eines abgefundenen Kindes.

Ist ein abgefundenes Kind ohne Leibeserben und ohne vollbürtige Geschwister und Geschwisterkinder gestorben, so succediret ihm sein Vater und seine Mutter nach den Köpfen (1).

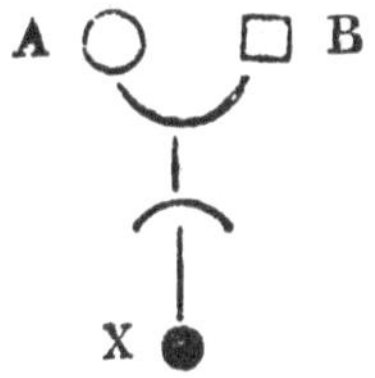

Bei der Succeßion in der vierten Classe wird vorausgesetzt, daß I) der Verstorbene von seinen Eltern abgefunden und ohne Leibeserben, wie auch ohne vollbürtige Geschwister und Geschwisterkinder verstorben sey. Denn sind diese vorhanden, so succediren sie dem Abgefundenen, und schließen dessen Vater oder Mutter aus.

II) Was die succedirenden Personen dieser Classe betrift, so succediret nur der Vater und die Mutter, und diese schließen

a) die Halbgeschwister des verstorbenen Kindes aus; (2) es mag das verstorbene Kind abgefunden gewesen seyn, oder nicht (3).

b) Hinterläßt der verstorbene Abgefundene auch Großeltern, so werden diese, da sie erst in der sechsten Classe succediren, von dem Vater oder von der Mutter gleichfalls ausgeschlossen (4).

(1) L. R. II. 2. art. 7. „Sind Kinder von ihren Eltern abgesondert, und eines der Kinder verstirbt ohne Leibeserben: das vererbt sein nachgelassenes Gut auf seine mit abgesonderte Brüder und Schwestern. Wo aber der-

derselben keine vorhanden sind, alsdenn auf die unabgesonderten.

Wäre aber kein abgesondertes oder unabgesondertes Kind oder derselben Leibeserben mehr am Leben: so fällt das Gut auf die Eltern." — — Hätten sich hingegen die Eltern nicht abgetheilet von den Kindern, so verfällt das Gut des verstorbenen Kindes auf die Eltern, so noch am Leben sind. II. 2. art. 6.

(2) L. R. II. 2. art. 13. „Wo Vater und Mutter vorhanden sind, so sind sie näher, ihrer Kinder Erbe zu nehmen, dann Halbbrüder und Halbschwestern," weil Vater und Mutter in der vierten, Halbgeschwister in der fünften Classe stehen.

(3) *Mev.* II. 2. art. 17. n. 19. „Parentes Praeferuntur omnibus fratribus ex uno latere junctis sine distinctione separationis." Vergl. von Balthasar de succ. ab int. S. 63. (*Kollii* Rechtbuch art. 133.) War der Verstorbene nicht abgesondert, so fällt sein Nachlaß vermöge der Gütergemeinschaft auf die Eltern, welche in diesem Falle allen Geschwistern, auch den vollbürtigen, vorgehen. L. R. II. 2. art. 6.

(4) L. R. II. 2, art. 1. Stirbt also ein abgesondertes Kind vor der Mutter und hinterläßt zugleich eine Großmutter; so wird nicht diese, sondern die Mutter zur Succeßion gelassen. *Büneckau* de separat. liberor. §. 27. Klefeker Sammlung der Hamb. Gesetze. 4. Th. S. 537.

§. 39.

Bei der Erbfolge der Eltern wird eine gänzliche Absonderung vorausgesetzt. Ist

blos

blos eine partial Abfindung geschehen, so succediret der Vater oder die Mutter, mit Ausschließung der Geschwister des Verstorbenen.

Bei der Erbfolge des Vaters und der Mutter in der vierten Classe wird vorausgesetzt, daß das verstorbene Kind von seinen Eltern gänzlich, mithin sowohl in Ansehung der väterlichen, als mütterlichen Güter, abgesondert sey (1).

Ist nur eine partial Absonderung geschehen, und hat z. B. der Vater B. bei seiner anderweigen Verheirathung, den Kindern erster Ehe C. D. blos in Ansehung des mütterlichen Nachlasses ausgesprochen, und es stirbt das partialiter abgefundene Kind C ohne Leibeserben;

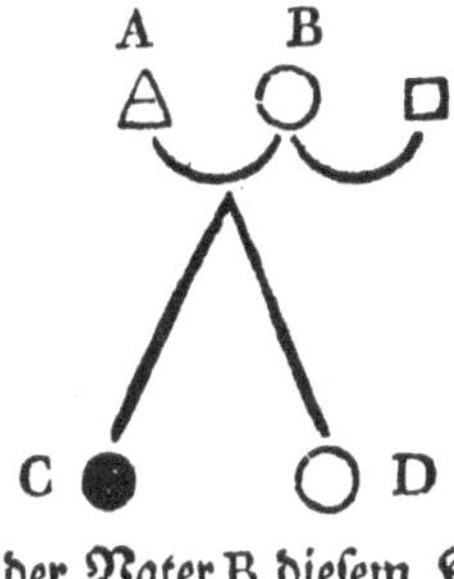

so succediret der Vater B diesem Kinde C allein und gehet den vollbürtigen Geschwistern des Verstorbenen vor, indem die sogenannte particulaire Absonderung nach Lübschem Rechte keine wahre und eigentliche Absonderung ist, und abgesonderte

Kinder nur diejenigen sind, welche von allem Gute, sowohl vom Väterlichen, als Mütterlichen, ihren Ausspruch bekommen haben und gänzlich abgefunden sind (2).

(1) *Mev.* II. 2. art. 7. n. 4.

(2) L. R. II. 2. art. 6. „Hätten sich die Eltern nicht abgetheilt von den Kindern, so verfällt das Gut auf die Eltern, so noch am Leben sind," und L. R. II. 2. art. 13. „sofern sie (die verstorbenen Kinder) von den Eltern nicht abgesondert sind, so sind die Eltern näher, dann Brüder und Schwestern."
L. R. II. 2. art. 33. „Würden Eltern, so beide am Leben, ihre Kinder alle oder etliche von sich absondern, oder aber, da eines der Eltern todt, das am Leben bleibende den Kindern vor dem Rath ein Ausspruch thun, solches soll geschehen und verstanden werden von allen ihrem Gut, väterlichen und mütterlichen, sowohl von dem Lebendigen als Verstorbenen, und das seyn und heißen nach unserm Rechte, abgesonderte und abgetheilte Kinder."
Im Gegentheil sind sie keine abgesonderte Kinder. „Würden aber die Kinder, ihre Freunde und Vormünder, damit nicht zufrieden seyn, sondern ihnen protestando entweder das Vater- oder Muttertheil ausdrücklich vorbehalten, das sind keine abgesonderte Kinder."
Mev. II, 2. art. 7. n. 9. sq. und II. 2. art. 33. n. 169. *Cothmann* 4. Resp. 24. n. 18.
ab Engelbrecht Consultat. Gryphisw. Resp. 149. de liberis a parentibus qua partem bonorum segregatis, proprie de jure Lubecensi pro separatis non habendis. qu. 4. 5. S. 618. sq.

Stein

Stein II. §. 245. Anm. 4. S. 336. und §. 267. S. 372. „Ist nur eine particulaire Absonderung vorgegangen; so behält der Vater oder die Mutter, von deren Gütern die Kinder noch nicht abgeschieden sind, — das nächste Succeßionsrecht in den Gütern der Kinder.“ von Balthasar de succ. ab int. S. 62. Bünneckau de separat. §. 17. n. 7. *Cocceii* de succ. c. 5. p. 24. Klefeker Sammlung der Hamb. GG. 10 Th. S. 648.

Vergl. *Stryck* de succ. ab int. Diss. 2. cap. 3. §. 9. (1733.) p 182. und das daselbst angeführte Responsum der Frankfurtschen Juristen Facultät, daß die Kinder, welchen ein Ausspruch vom Muttergut, mit Vorbehalt des Väterlichen geschehen, für abgesondert zu halten, und deren Nachlaß auf die überbliebenen Geschwister, und nicht auf den Vater vererbet werde. 1683. (*Büneckau* bibl. jur. Lubec. S. 108.) add. Klefeker Samml. der Hamb. Gesetze. 10. Th. S. 642. „Es kann auch weiter, als auf solche abgesagte und ausgesprochene Güter, es mögen dieselben die gesammten, oder nur väterliche oder mütterliche gewesen seyn, die Ausschließung der Eltern von eines Kindes Erbschaft nicht gehen; und was dasselbe außer solchen nachlässet, davon bleiben also die Eltern die Erben vor allen Brüdern des Verstorbenen.“

§. 40.

Durch Verträge kann die Erbfolge anders bestimmt werden.

Sind Kinder von ihren Eltern nicht völlig sondern nur in Ansehung des Väterlichen oder Mütterlichen abgefunden worden, und stirbt hierauf eines solcher Kinder, ohne Leibeserben, so fällt dessen nachgelassenes Vermögen an die Eltern. Durch Verträge kann aber die Erbfolge anders bestimmt werden (1). Zur Erläuterung wird nachstehendes Ausspruchs-Protocoll dienen können.

Veneris, den 1. August 1768.

Erschienen die Witwe des verstorbenen Bürgers Carsten nebst ihrem Bräutigam, dem Bürger Ahrens, imgleichen die Vormünder der Carstenschen Kinder, und zeiget Erstere an, daß, da sie zur andern Ehe zu schreiten gewilliget sey, sie mit ihren, mit dem verstorbenen Carsten erzeugten Kindern, — namentlich 1) Georg Daniel, 15 Jahr, 2) Catharina Maria, 12 Jahr, 3) Johann Carl, 7 Jahr, und 4) Christina Dorothea, 4 Jahr alt, — wegen des väterlichen Nachlasses sich aus einander zu setzen wünsche. Es ist daher der Ausspruch folgender Maaßen reguliret worden.

1) Die Witwe spricht einem jeden ihrer Kinder am Väterlichen 802 Rthr. aus.
2) verspricht dieselbe ihren Kindern, so lange bis sie sich ihr Brod selbst verdienen können, freien Unterhalt in Kost und Kleidung zu reichen, für ihre Erziehung bestens zu sorgen, und falls

die

die Söhne eine Profeßion zu erlernen Genüge haben sollten, die erforderlichen Ein- und Ausschreibe Gebühren und sonstige Kosten zu erlegen, auch jedem ein Gesellenkleid zu geben.

3) verspricht die Witwe ihren beiden Töchtern, und zwar einer jeden ein Stand Betten, oder statt dessen 20 Rthr., imgleichen 6 flächsene Hemder, und jedem der Söhne ebenfalls 6 flächsene Hemder zu geben.

4) So lange die Kinder freien Unterhalt bei der Mutter genießen, behält sie den Genießbrauch von dem Vermögen derselben, und zahlen die Vormünder die Zinsen von dem Vermögen jährlich an sie aus.

5) Das Eigenthum des Hauses verbleibt den Kindern; jedoch behält die Mutter und der Stiefvater, so lange die Kinder den Unterhalt von ihnen genießen, und eines derselben solches selbst nicht benöthiget ist, die freie Wohnung; wogegen sie dasselbe in baulichem Stande erhalten, und die etwa nöthigen Reparationes und von dem Hause zu entrichtenden Lasten aus eigenen Mitteln tragen; zu welchem Ende Vormünder ein genaues Inventarium von der jetzigen Beschaffenheit des Hauses durch den Stadtzimmer- und Maurermeister errichten lassen.

6) Das Päthengeld der Kinder wird zu 5 Rthr. für jedes Kind bestimmt.

7) Die Verschreibungen von den Activ Schulden nehmen die Vormünder an sich, und guarantiren sich sämmtliche Erbinteressenten auf ein Jahr die Sicherheit dieser Forderungen.

8) Sollte eines der Kinder, oder mehrere, während ihrer Minderjährigkeit, versterben; so fällt deren Nachlaß, nach Abzug der Cur- und Begräbnißkosten, an die Mutter und überlebenden Geschwister, welche sich zu gleichen Theilen darin theilen.

9) Die mütterliche Erbschaft wird den Kindern reserviret.

10) Die Mutter und der Stiefvater versichern diesen Ausspruch unter Verpfändung ihres Vermögens;

Beide Vormünder sind mit den entworfenen Bedingungen zufrieden, und bitten um die Bestätigung des Ausspruchs.

Concl. Es wird der Ausspruch hiedurch, in quantum de jure, bestätiget.

(1) *Mev.* II. 2. art. 7. n. 8. 9. Ein merkwürdiger hieher gehöriger Fall steht in Klefekers Sammlung der Hamb. GG. 10. Th. S. 643 — 652, da der Vater seinen beiden Söhnen erster Ehe wegen ihres Mütterlichen ausgesprochen hatte, und mittelst eines Vertrages festgesetzet war, daß, wenn einer von den Söhnen mit Tode abgehen würde, das abgesagte oder ausgesprochene Geld der andere Bruder erben sollte. Nach geschehenem Ausspruch fiel beiden Söhnen erster Ehe von ihrem

ihrem mütterlichen Großvater und Mutterbruder eine Erbschaft an. Da hierauf der eine Sohn starb, so ward dem Vater seines Sohnes Nachlaß, mit Weglassung des abgesagten Guts, welches dem Bruder zufolge des besondern Vertrages verblieb, billig zuerkannt.

§. 41.

d) Fünfte Classe.

Halbgeschwister und Geschwisterkinder.

Ist Jemand ohne Leibeserben uud ohne vollbürtige Geschwister und Geschwisterkinder gestorben, und hat auch keinen Vater und Mutter hinterlassen, so succediret der Halbbruder und die Halbschwester, (1) wie auch deren Söhne und Töchter (2).

Halbgeschwister succediren nach den Köpfen. Sind blos Halbgeschwisterkinder vorhanden, so succediren sie gleichfalls, ohne Repräsentationsrecht nach den Köpfen. Concurriren Habgeschwister mit den Kindern verstorbener Halbgeschwister, so succediren diese nach den Stämmen jure repraesentationis (3)

(1) L. R. II. 2. art. 1. „Die Fünften: Halbbrüder und Halbschwestern." art. 13. „Wo Vater und Mutter vorhanden; so sind sie näher, ihrer Kinder Erbe zu nehmen, dann Halbbrüder und Halbschwestern."

 (2)

(2) Brokes obs. 519. de jure repraesentationis Lubecensium. S. 539. *Mantzel* Selecta juris Rostoch. Fasc. 3. spec. 16. und Dessen Jus Mecklenb. et Lubec. illustrat. cent. 3. S. 151.
(3) *Mev.* II. 2. art. 1. n. 66. Hofacker princip. jur. rom germ. §. 1426. *de Cannegiesser* decis. S. Tribunal. Hasso-Cassell. Decis. 173.

§. 42.

1) Halbgeschwister und deren Kinder gehen den Erben der folgenden Classen vor.

Halbbrüder und Halbschwestern, so wie auch Halbgeschwisterkinder gehen allen Erben der folgenden Classen vor, und schließen mithin I) die Großeltern aus, weil diese in der sechsten Classe succediren, und eine vorstehende Classe die folgenden ausschließt (1).

Ob II) der halbbürtige Brudersohn A den vollbürtigen Vaterbruder B ausschließe, ist in dem Statut nicht ausdrücklich entschieden (3).

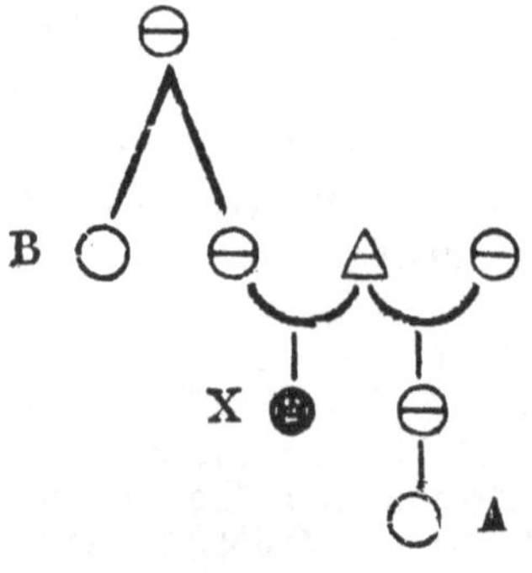

Es

Es scheinet indessen die Meinung derjenigen einen Vorzug zu verdienen, welche behaupten, daß dem Halbbrudersohn dieses Vorrecht zustehe, weil nach dem art. 1. die Halbgeschwister und nach der Praxi auch Halbgeschwisterkinder in der fünften, der Vaterbruder aber erst in der siebenten Classe steht, und die vorstehende Classe die folgenden ausschließt (3).

Hienächst geht III) des Verstorbenen Halbbrudersohn C auch des Vaters vollen Bruderkindern D vor, (4) da diese in der achten Classe succediren.

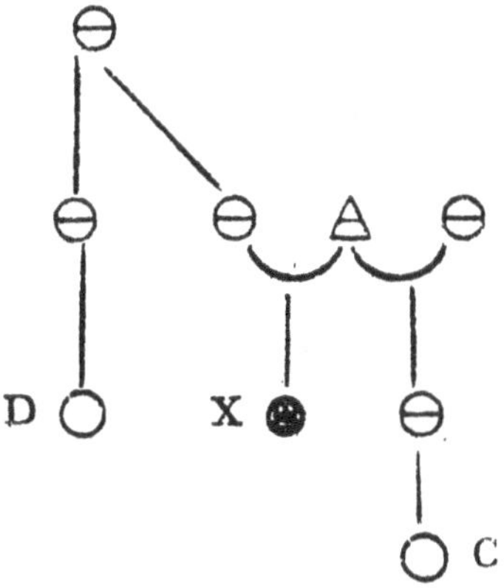

(1) L. R. II. 2. art. 17. „Halbbrüder und Halbschwestern, (und nach der Praxi auch deren Kinder) sind näher, dann Großvater und Großmutter, nach unserm Rechte."

(2) Das L. R. II. 2. art. 18. redet nur von den vollbürtigen Bruderkindern und von deren Vorzug vor des verstorbenen Vaterbruder.

(3) So hat diesen Fall auch die Rostockische Juristen Facultät entschieden. *Mantzel* Jus Mecklenb. et Lubec. illustr. Centur. 3. Judic. 1. S. 117.

Andre geben dem vollbürtigen Vaterbruder ein Vorrecht wegen des doppelten Verbandes; worauf jedoch bekanntlich über Geschwisterkinder hinaus, nicht gesehen wird. S. *de Balthasar* de succ. ab int. S. 68. 70. Stein II. S. 400. Krohn v. dem Vorrecht der vollen Geburt. 1. Th. 1748. S. 94.

Andre legen beiden ein gleiches Recht zu succediren bei, weil beide mit dem Verstorbenen im gleichen Grade verwandt sind, und das aus der Gleichheit des Grades zustehende Succeßionsrecht nicht aufgehoben worden sey. S. Bacmeisters Prüfung des Krohnschen Versuchs von dem Vorzug der vollen Geburt vor der halben, mit Anmerkungen. Hannover 1748. S. 65. Not. 2. von Cramers Wetzl. Nebenstunden. 6. Theil S. 118. — Allein eine vorstehende Classe schließt schon von selbst die folgenden aus, ohne Rücksicht auf die Gleichheit und Nähe des Grades. Nicht diese, sondern die im art. 1. festgesetzte Ordnung der acht Classen, ist die Norm bei der Erbfolge. Der Vater ist dem Grade nach näher als des verstorbenen abgefundenen Bruder und Brudersohn; schließt sie aber nicht aus. Vater und Sohn des Verstorbenen sind dem Grade nach gleich nahe; sie succediren aber nicht zugleich ab intestato. —

Halb-

Halbgeschwisterkinder schließen des Verstorbenen Vater oder Mutter Halbgeschwister aus. *Brokes* Obs. 594.

(4) L. R. II. art. 19. „Halbbrüder- und Halbschwesterkinder sind näher, dann Vaters- oder Mutter-Vollbruder- oder Vollschwesterkinder." *de Pufendorff* 2. Obs. 193. S. 199. Vermuthlich ist diese Bestimmung des art. 19. so wie verschiedene andere z. B. des art. 18, aus einzelnen Rechtssprüchen in das Statutum geflossen, da die Artikel des L. R., so wie verschiedener anderer Statuten, ursprünglich größtentheils aus richterlichen Erkenntnissen entstanden sind. Dreyers Einleitung z. Kenntniß der Lübeck. Verordn. S. 210.

§. 43.

2) Unabgefundene Halbgeschwister eines verstorbenen Unabgefundenen, gehen den abgefundenen vollbürtigen Geschwistern und deren Kindern vor.

In der fünften Classe der Halbgeschwister wird vorausgesetzt, daß der Verstorbene keine Kinder und vollbürtige Geschwister, auch keine Eltern nachgelassen habe.

Hinterläßt ein Unabgefundener b keine Kinder, und Eltern, sondern I) abgefundene vollbürtige Geschwister a, und einen unabgefundenen Halbbruder e, so succediret dieser e allein, und

und schießt die abgefundenen vollürtigen Halbgeschwister aus (1).

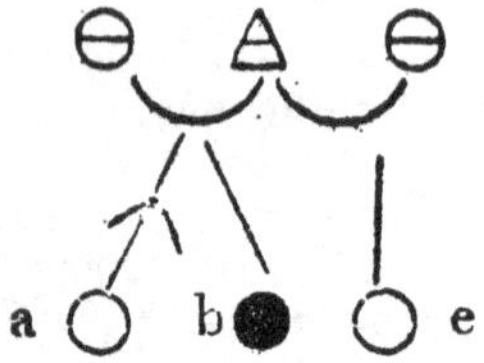

Hat II) der Unabgefundene b vollbürtige Geschwisterkinder, c d, deren Vater a abgefunden war, und einen unabgefundenen Halbbruder e hinterlassen, so succediret dieser e gleichfalls allein (2), und schließt die abgefundenen vollbürtigen Geschwisterkinder c d aus (3).

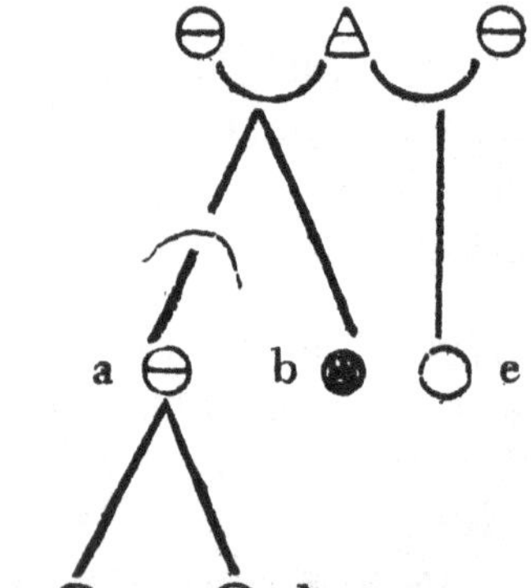

Hinterläßt III) der Unabgefundene B vollbürtige Geschwisterkinder C D, deren Vater

ter A nicht abgefunden worden ist, und einen unabgefundenen Halbbruder E, so gehen die unabgefundenen vollbürtigen Geschwisterkinder C D dem unabgefundenen Halbbruder E vor (4).

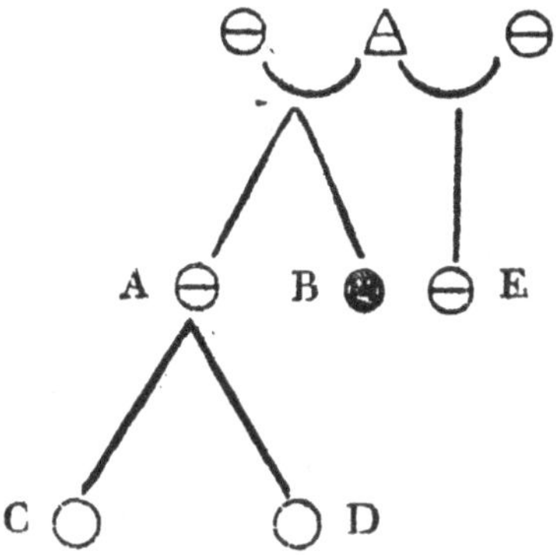

Es wird aber eine wahre Absonderung der Kinder von ihren Eltern vorausgesetzt, und daß also der Vater der vollbürtigen Geschwisterkinder c d von seinen Eltern völlig abgesondert gewesen sey (5).

Es ist also keine Absonderung, wenn die Kinder und respektive Geschwister A B erst nach dem Ableben ihrer Eltern, — von welchen sie nicht abgesondert gewesen sind, — blos die elterliche Erbschaft unter sich theilen.

(1) *Joh. Pommeresch* de liberis et fratribus separatis, jure Lubecensi ab hereditate non separatorum exclusis, iisque, qui cum defuncto ejusdem

dem qualitatis et conditionis sunt, ad successionem admissis; in *ab Engelbrecht* Consultat. Gryphiswald. Resp. 90.

Der Grund hievon ist die Gütergemeinschaft und der Vorzug der vermöge der Gütergemeinschaft zustehenden Succesion. Krohn von dem Vorzug der vollen Geburt vor der halben. 1. Th. S. 141. Die Absonderung der Kinder hat die Würkung, daß sie das vermöge der Gütergemeinschaft zustehende Successionsrecht bei denjenigen Personen, welche in einer Gemeinschaft lebten, aufhebt.

Nach L. R. aber leben Ehegatten in einer Gütergemeinschaft, und diese dauret nach eines der Eltern Tode zwischen dem überlebenden Ehegatten und dessen Kindern so lange fort, bis ein Kind oder mehrere derselben durch eine Absonderung oder Abtheilung aus der Gemeinschaft der Güter herausgetreten sind. Krohn c. l. 1 Th. S. 138. Die Würkung einer Absonderung der Kinder schränkt sich nur auf diese von ihren Eltern abgesonderten Kinder ein. Ueber Geschwister und Geschwisterkinder hinaus, erstreckt sich solche Würkung in der Seitenlinie nicht.

Mev. II. 2. art. 33. n. 163. 164. „Inter illas personas effectum habet separatio, inter quas obtinet bonorum consortium. *Ultra fratres eorumque liberos in linea collaterali* nihil operatur separatio.“ Vergl. Krohn c. l. 1. Th. S. 144. „Nur mögen wir mit gedachtem *Mevio* (ad jus Lubec. II. 2. art. 33. n. 163) darin nicht einig seyn, daß der Umstand der Gütergemeinschaft oder Absonderung der Kinder *ultra fratres fratrumque liberos* keine Würkung nach sich ziehen sollte; indem sowohl nach

allen

allen Teutschen, als insonderheit nach unserm Lübeckischen Rechte, auch bei Vater- und Mutterbrüdern, ja sogar deren Kindern, es annoch in Betrachtung kommt, ob sie mit dem Verstorbenen und dessen Eltern abgesondert gewesen sind, oder nicht."

(2) L. R. II. 2. art. 22. „Vollbrüder- und Schwesterkinder nehmen Erbe vor Halbbrüdern und Schwestern, sofern I) der Erbnehmenden Kinder Vater oder Mutter unabgesondert gewesen. II) Sind sie, (der vollbürtigen Geschwisterkinder Vater oder Mutter) aber abgesondert gewesen, mit ihrem Theil Guts: so ist Halbbruder und Halbschwester näher, Erbe zu nehmen, dann Vollbrüder- und Schwesterkinder."

Es ist aber vorauszusetzen, daß der verstorbene Bruder b von seinen Eltern nicht abgesondert gewesen ist, wenn der unabgefundene Halbbruder e den abgefundenen vollbürtigen Geschwisterkindern c d vorgehen soll.

Mev. ad h. art. 22. n. 7-9. Krohn v. d. Vorzug der vollen Geburt. 1 Th. S. 143. *Cocceii* de succ. p. 39. *Brokes* Obs. 520. *Bünekau* de separat. liberorum. §. 25. n. 3. *Cothmann* 3. Resp. 25. n. 3. 32. und Vol. 4. Resp. 6. n. 17. S. 98. Kleferers Sammlung der Hamb. Gesetze. 10. Th. S. 657. Vergl. *Stryck* de succ. ab int. D. 3. c. 3. §. 18. Stein II. 396.

Der art. 22. steht auch schon in einer ältern Handschrift des Lübschen Rechts von 1240. art. 217. in des Hn. von Westphalen monument. ined. T. 3. S. 666.

Auch

Auch der Sohn des unabgefundenen Halbbruders schließt die vollbürtigen Geschwisterkinder, welche abgefunden sind, oder deren Vater abgefunden war, aus. *Mev.* II. art. 22. n. XI.

(3) Die vollbürtigen Geschwisterkinder c d, welche abgefunden sind, oder deren Vater abgefunden war, können nicht vermöge des Eintritts-Rechts den Vorzug vor dem unabgefundenen Halbbruder c verlangen. *Cothmann* Vol. 4. Resp. 6 n. 17. S. 97.

Bei Geschwisterkindern tritt das Jus repraesentationis nur ein, insofern die Succeßion vermöge der Gütergemeinschaft dabei bestehen kann. Krohn von dem Vorzug der vollen Geburt vor der halben. 1 Th. S. 181. Dreyers Einleitung zur Kenntniß der Lübeckischen Verordn. S. 328. „Das Eintrittsrecht erstreckt sich nicht weiter, als auf die Fälle, wo von der succesſione ex capite proximitatis die Rede ist. Es findet nicht statt in der succesſione descendentium et collateralium ex capite condominii et communionis."

(4) Krohn v. d. Vorrecht der vollen Geburt vor der halben. 1 Th. S. 141.

(5) Die Worte des art. 22: unabgesondert und abgesondert: sind nicht von einer bloßen Theilung, die zwischen Schwestern und Brüdern vorgenommen worden, zu verstehen. Dies bestätiget das Attestat des Magistrats zu Lübeck vom 24 März 1758, in welchem bezeuget wird:

„Daß die Absonderung der Kinder, — wovon in dem articulo 22. Tit. 2. Libr. 2. die Rede ist, — hier und in dem ganzen Lübschen Rechte, ein mehreres, als eine bloße Thei-

Theilung der Kinder nach der Eltern Tode anzeige; und absonderlich diejenige Handlung bedeute, wodurch die Kinder von den Eltern, mit Genehmigung derer, welche ein Interesse dabei haben, durch Bestimmung eines gewissen Theils aus den gemeinschaftlichen Gütern, von der bisherigen Gemeinschaft der Güter öffentlich ausgeschlossen werden; mithin dasjenige, was in dem articulo 22. von der Absonderung der Kinder vorkommt, auf die bloße Theilung des elterlichen Nachlasses, (welche Kinder und Geschwister unter sich nach ihrer Eltern Tode vornehmen) nicht zu appliciren; und solchergestalt der Halbbruder in der Erbfolge, keinesweges des Verstorbenen vollbürtigen Bruders- und Schwesterkindern vorzuziehen sey, wenn gleich deren Eltern bei ihrem Lebzeiten mit den übrigen Geschwistern, den väterlichen Nachlaß unter sich getheilet hätten."

Bünekau bibl. jur. Lubec. S. 87. *de Balthasar* de succ. ab int. S. 40. *Brokes* obs. 520. *Hartmann* d. de jure Saxonico et Lubecensi — qua repraesentationem in successione collateralium exulantibus, in *Gesterdings* thesauro j. Lubec. II. S. 411. *Winckler* s. Resp. *Ahrens* d. de fundamento praelationis, quo jure Lubecensi gaudent in successione liberi fratrum germanorum prae fratribus unilateralibus. Kil. 1762.

§. 44.

e) Sechste Classe.

Der Großvater.

Erst nach den Halbgeschwistern und deren Kindern succediren Großvater und Großmutter (1), so wie auch alle entferntere Ascendenten; und schließen die Erben der folgenden Classen, mithin den Vaterbruder und Mutterbruder, nebst deren Kindern aus (2).

(1) L. R. II. 2. art. 1. „Die Sechsten: Großvater und Großmutter."

Dies weicht vom gemeinen Rechte ab, als nach welchem Eltern und entferntere Ascendenten mit den vollbürtigen Geschwistern und deren Kindern zugleich succediren, und den Halbgeschwistern und deren Kindern vorgehen.

(2) L. R. II. 2. art. 17. „Der Eltervater und Eltermutter sind näher, Erbe zu nehmen, dann Oheim und Vettern und ihre Kinder."

Mev. II. 2. art. I. n. 69. und ad art. 17. n. 4.

Gerdes different. juris communis et Lubecensis Gryphisw. 1674. n. 53. in *ej.* oper. Tom. 2 et 3. S. 282. n. 19.

§. 45.

f) Siebente Classe.

Der Vaterbruder.

Nach dem Großvater und den entferntern Ascendenten folget des Verstorbenen Vaterbruder und Vaterschwester; desgleichen Mutterbruder und Mut-

Mutterschwester, (1) so auch der Großvaterbruder (2).

Vaterbruder und Vaterschwester werden ohne Unterschied den Halbgeschwistern und deren Kinder nachgesetzt. Daher schließen auch selbst die vollbürtigen Vaterbrüder und Vaterschwestern u. s. f. nicht die Halbgeschwister und deren Kinder aus, weil letztere nach Lübschem Recht in der fünften Classe succediren (§. 42).

(1) L. R. II. 2. art. 1. „Die Siebenten: Vater- und Mutterbruder und Schwestern." *Mev.* ad h. art. I. n. 82.

(2) *Mev.* II. 2. art. I. n. 82.

§. 46.

g) Achte Classe.

Vaterbruder Kinder.

Nach dem Vaterbruder folgen Vaterbrüder kinder, und so auch Vaterschwesterkinder; Mutterbrüder- und Mutterschwesterkinder (1).

Sie werden I) ohne Unterschied den Halbgeschwistern der fünften Classe nachgesetzt. Volle Vaterbrüder- und Vaterschwesterkinder schließen also nicht die Halbgeschwister und deren Kinder aus (2).

Vaterbruderkinder werden auch II) ohne Unterschied den Vaterbrüdern und Mutterschwestern nachgesetzt. Des Vaters volle Brüderkinder B schließen also des Vaters oder der Mutter halbbürtigen Bruder A nicht aus; (3) sondern dieser geht, weil er in der siebenten Classe succedirt, allemahl den Vaterbrüderkindern der achten Classe vor.

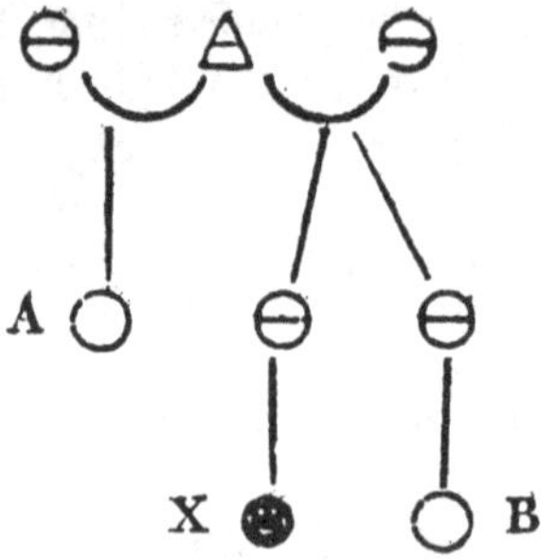

Uebrigens schließen III) Vater- oder Mutter-Vollbrüder- und Vollschwesterkinder in der Erbfolge Vater oder Mutter Halbbrüder- oder Halbschwesterkinder nicht aus (4).

(1) L. R. II. 2. art. 1. „Die Achten: deren Kinder."

(2) L. R. II. 2. art. 19. „Halbbrüder- und Halbschwesterkinder sind näher, dann Vaters- oder Mutter- Vollbruder- oder Schwesterkinder." (§. 42).

(3) von Balthasar de success. ab int. S. 70. §. 1. n. 2.

(4) von Cramers Wetzl. Nebenst. 6. Th. S. 140. Vergl. Stein II. §. 271. S. 402. — Der Vorzug der vollen Geburt vor der halben hat,

hat, nach gemeinem und Lübschem Rechte, nur bei Geschwistern und Geschwisterkindern statt. Mauritius in Consil. 3. n. 38.

§. 47.

h) Weitere Erbfolge der Seitenverwandten.

1) Sie ist nicht auf gewisse Grade eingeschränkt, sondern geht ins Unendliche.

Nach der wörtlichen Bestimmung des Lübschen Rechts (II. 2. art. 1.) beschließen die Stufen der Intestaterben, des Vaters- und der Mutterbruderkinder. Hiedurch sind jedoch keinesweges die entferntern Verwandten in der Seitenlinie von der Erbfolge ausgeschlossen; und es läßt sich nicht behaupten, daß die Lübeckische Erbfolge der entferntern Seitenverwandten auf gewisse Grade eingeschränkt worden sey; sondern sie geht vielmehr nach dem hierin aufgenommenen römischen Rechte ins Unendliche, und blos die Nähe des Grades giebt in der weitern Succeßion der Seitenverwandten den Vorzug (1).

Hinterläßt der Verstorbene von beiden Seiten, — von väterlicher und mütterlicher Seite, — gleich nahe Verwandte; so succediren diese insgesammt, ohne Rücksicht auf den Ursprung der Güter, ob solche von väterlicher oder mütterlicher Seite hergekommen sind, (2) und

und die Erbschaft wird nach den Köpfen getheilt, wenn auf der einen Seite mehrere Verwandte, als auf der andern sind.

Sind auf der einen Seite so viele Verwandte, als auf der andern, so fällt die eine Hälfte der Erbschaft auf die väterliche, die andere Hälfte auf die mütterliche Seite (3).

Können die Interessenten bei der Theilung sich wegen der Taxe nicht vereinigen, oder concurriren Unmündige, in Ansehung deren der Richter die Subhastation nützlich findet, so wird zur öffentlichen Versteigerung geschritten (4).

(1) Das Römisch-Justinianische Recht gilt als ein subsidiarisches Recht in ganz Teutschland, wenn besondere Statuten und Landesgesetze fehlen. *Mev.* II. 2. art. 1. n. 73. 84. Klefekers Sammlung der Hamb. Gesetze. 4. Th. S. 543. und 10. Th. S. 661.

Die Meinung derjenigen, welche behaupten, daß die Erbfolge nach L. R. nicht weiter statt finde, als nur bei denen, die sich mit dem Verstorbenen im vierten Gliede berechnen können, wird vom *Mevio* ad Jus Lubec., II. 2. art. 1. n. 75 - 83. mit Recht verworfen. Daher heißt es in art. I. Tit. 2. Libr. 2. des L. R. „Hierin sind beschlossen alle Erben und Erbnehmen." Es ist kein einziger Erbe ausgeschlossen, wenn er gleich im art. 1. nicht namentlich benannt ist. Dies bestätigt auch das Attestatum Senatus Lubecensis; nach welchem auch andere Personen, welche in dem vorgedachten art. I. Tit. 2. Lib. 2. wörtlich nicht

nicht enthalten sind, der Erbschaft fähig erklärt werden.
Büneckau bibl. j. Lubec. S. 88. — add. *Cothmann* Vol. 4. Resp. 6. n. 2. 11. und Resp. 20.

Auch kann die Erbfolge nicht auf den zehnten Grad eingeschränkt werden. *de Balthasar* de succ. ab int. S. 71. *de Pufendorff* 2. Obs. 125. *Hofacker* princ. j. rom. germ. §. 1427. Gmelin und Elsäßer Rechtsfälle. 5. Band. S. 59. *Lauterbach* coll. theoret. pract. tit. de succ. ab int. §. 37. — Vergl. *Mev.* II. 2. art. 1. n. 84. *Stryck* de succ. ab int. D. 3. c. 3. §. 20

(2) *Mev.* II. 2. art. 20. n. 1. *Cocceii* de success. c. 7. p. 39. von Balthasar de succ. ab int. S. 71. §. 3. Eisenharts Grundsätze des T. R. in Sprüchwörtern. 1792. S. 281.

(3) L. R. II. 2. art. 20. „Stirbt Jemand, es sey Mann oder Weib, die da Erben haben von beiden Seiten, gleich nahe verwandt: Sind dann die Erben in gleicher Anzahl: so theilen sie das Erbe in zwei Theile. Sind ihrer aber auf der einen Seite mehr, dann auf der andern: so theilen sie das Erbe in capita, nach Hauptzahl. (*Kollii* Rechtbuch. art. 138). *Mev.* II. 2. art. 1. n. 67. *Gerdes* differ. 62. Cramer Wetzl. Nebenst. 6. Theil. n. 6. S. 125.

(4) *Mev.* ad Jus Lubec. III. 13. art. 1. n. 21. *Wernher* lectiss. commentat. in Pandect. 27. 9. §. XI. *Cocceii* jur. controvers. 27. 9. qu. 4. *Walch* introd. in controvers. jur. civil. 1791. S. 104. *Reinharth* ad Christin. Vol. 2. Obs. 19. S. 32. Vol. 4. Obs. 68. S. 105. Vol. 6. Obs. 34. S. 96. *Lauterbach* coll. th. pr. 27. 9. §. 11. 12.

Die in der Pomm. Policey Ordnung c. 17. bei der freiwilligen Veräußerung der Güter der Pupillen vorgeschriebene Subhastation wird bei der Theilung nicht für nothwendig gehalten, da in dergleichen Theilungsfällen nicht von der freiwilligen Veräußerung, sondern von einer Theilung, die nothwendig geschehen muß, die Rede ist. Sind mithin die Interessenten sich wegen der Taxe einig, so werden einem oder dem andern Interessenten, wenn gleich einige derselben unmündig sind, die Sachen von dem Waisengericht nach Befinden für die Taxe zugeschlagen. Hält der Richter aber die Subhastation für den Pupillen nützlicher, so wird diese verfügt. S. Anhang N. VI.

§. 48.

II) Bei der weitern Succeßion der Collateralen wird weder auf das Repräsentationsrecht, noch auf den Vorzug der vollen Geburt vor der halben gesehen, sondern der nähere Grad schließt den entferntern aus.

In der Seitenlinie tritt auch nach Lübschem Rechte, so wie nach gemeinem Rechte, nur bei Geschwisterkindern das Repräsentationsrecht ein, so weit die Succeßion vermöge der Gütergemeinschaft dabei bestehen kann; (1) so wie auch nur bei Geschwistern und Geschwisterkindern die volle Geburt einen Vorzug vor der halben hat.

Bei

Bei entferntern Seitenverwandten wird auf kein Repräsentationsrecht, und auch nicht auf den Vorzug der vollen Geburt vor der halben (duplicitas vinculi), sondern blos auf die Nähe des Grades Rücksicht genommen, so daß der nächste Grad, ohne Rücksicht auf Repräsentation und ohne Unterschied der vollen und halben Geburt, allemahl den entferntern ausschließt (2).

Hieraus ergiebt sich, das bei entferntern Seitenverwandten α) die halbe Geburt, wenn sie mit der vollen Geburt von entfernterm Grade concurriret, einen Vorzug habe, und also z. B. des Vaters Halbbruder den vollbürtigen Vaterbrüderkindern vorgehe; (§. 43.) daß β) die halbe Geburt, wenn sie mit der vollen Geburt in gleichem Grade concurriret, — als z. B. der Mutter Halbschwester B mit des Vaters vollen Bruder A, — nach lübschem Rechte zugleich zu erben berechtiget sey. (3) Das Schema ist dieses:

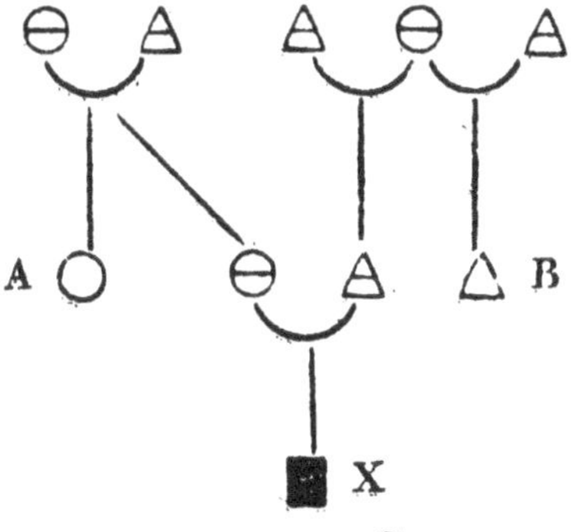

(1) Krohn von d. Vorzug der vollen Geburt. 1 Th. S. 181.

(2) *Mauritius* in consil. 3. n. 38. „duplicitas vinculi de jure Lubecensi pariter ac de jure communi, se non extendit ultra fratres et fratrum liberos." *Mantzel* J. Meckl. et Lubec. cent. 4. jud. 36. S. 212. *Mev.* II. 2. art. 20. n. 6. *de Pufendorff* 2. Obs. 192. 193. Decis. Castell. 185.

(3) Kaiserliches Reichs Cammer Gerichtsurthel, daß die halbe Geburt, wenn sie mit der vollen in gleichem Grade concurriret, — als der Mutter Halbschwester mit des Vaters vollen Brüdern, — non obstante duplicitate vinculi, nach Lübschem Rechte zugleich zu erben berechtiget sey. d. 22. May 1756, — welches nebst der Relation in dieser Sache, in des Hn. von Cramers Wetzl. Nebenst. 6. Th. S. 84 — 142. befindlich.

Das unbeschränkte Vorrecht der vollen Geburt vor der halben in Erbschaftsfällen behauptete der Syndicus Krohn in seiner Abhandlung von dem Vorzug der vollen Geburt, Lübeck 1748. (welchem Stein in der Abhandlung des L. R. II. S. 400. β. und in d. Einleitung §. 195. gefolgt ist.), — gegen den Ober Appellationsrath Bacmeister zu Celle. Die endliche Entscheidung des Rechtsstreits erfolgte bei dem Kaiserl. R. Cammer Gericht für den O. A. R. Bacmeister. — Dreyer in der Einleitung zur Kenntniß Lübeckischer Verordnungen. S. 318 — 322. und Bünekau in bibl. j. Lubec. S. 85. Eisenharts Grundsätze der Teutschen Rechte in Sprüchwörtern. 1792. S. 288.

§. 49.

§. 49.

E) Von der Succeßion des Fiscus.

Sind keine von den bisher gedachten Erben vorhanden, so ist der Nachlaß des Verstorbenen als erblos anzusehen, und fällt dem Rath, d. i. dem Fiscus zu (1). Landstädten steht das Jus fisci nur zu, wenn sie es durch ein Privilegium oder unvordenklichen Besitz erworben haben (2).

(1) L. R. II. 2. art. 14. „Stirbt Jemand ohne kundige Erben, sein nachgelassen Gut soll man dem Rathe überantworten, zu bewahren Jahr und Tag. Würde sich aber binnen Jahr und Tag Niemand angeben, noch wie Recht, dazu zeugen lassen: so ist das Erbgut dem Rath heimgefallen."

Hiemit stimmt auch das Rostockſche Stadt-Recht von 1757. II. 2. art. 52. überein: Stirbet Jemand ohne kundige Erben, sein nachgelassen Gut soll man dem Rath überlassen, zu bewahren Jahr und Tag. Würde sich aber binnen Jahr und Tages, nach vorgängiger öffentlicher Ladung, Niemand angeben, noch wie Recht dazu zeugen lassen: so ist das Erbgut gemeiner Stadt verfallen."

(2) *G. L. Böhmer* pr. de jure fisci, civitatibus mediatis, vi concessi juris Lubecensis non competente, (in des Hn. D. Gesterdings Pommerschen Magazin. 4. Theil S. 98.) *ab Engelbrecht* Obs. 79. *C. F. Winckler* d. de success. Fisci. 1758. Quistorps peinl. Recht. §. 565. *Büneckau* bibl. j. Lubec. S. 98.

§. 50.

Der Fiskus, welcher den Nachlaß erhält, muß die Schulden bezahlen; jedoch nur so weit sie aus dem Nachlaß bezahlet werden können. (1) Er kann aber den Besitz nicht anders ergreifen, als mittelst vorhergegangener Untersuchung: ob denn würklich keine Erben vorhanden sind. Und daher muß er eine Edictal Citation bitten, und zum öffentlichen Verkauf der Güter schreiten, (2) wenn sich Creditores angeben, um aus dem gelöseten Gelde, einem jeden nach Proportion und in rechtlicher Ordnung, ein Genüge zu leisten. Wenn sich binnen Jahr und Tag nach vorhergegangener öffentlichen Ladung Niemand zu der Erbschaft meldet, noch wie Recht, dazu zeugen läßt, so ist die Erbschaft dem gemeinen Gut, oder dem Fisco anheimgefallen (3).

(1) *Westenberg* princ. jur. Libr. 38. tit. 17. §. 46. C. F. *Winckler* d. de succesſione Fisci. §. 12.

(2) Immobilia aber dürfen nicht an Fremde veräußert werden. L. R. I 2. art. 5.

(3) L. R. II. 2. art. 14. Klefekers Sammlung der Hamb. GG. 4. Theil. S. 569. Caroc position. n. 50. Mentze d. de temporibus legitimis. S. 30. von Pufendorff 3. Obſ. 14. §. 22. Hofacker princ. jur. §. 1420.

§. 51.

F) Von der Antretung und Verweigerung der Erbschaft, insonderheit vom Bergen und Dachdingsanftragen.

Von

Von der Antretung und Repudiation der Erbschaft ist im Lübschen Rechte nichts besonders verordnet, und man folgt hierin den Vorschriften des gemeinen Rechts (1).

Nur was die beerbte Witwe eines in Schulden verstorbenen Mannes betrift, so kann sie sich der Erbschaft begeben, und den ganzen Nachlaß den Gläubigern abtreten, um sich dadurch in so weit zu retten, daß die Gläubiger kein Recht an den von ihr künftig nach dieser Cession erworbenen Gütern erhalten (2). Dies heißt bei der Witwe: Bergen und Dachdingsauftragen. Das lübsche Recht verordnet hievon folgendes (3):

„Stirbt ein Mann in Schulden vertieft und ist solches offenbar, so sollen seine nachgelassene Güter innerhalb sechs Wochen a tempore scientiae von den Creditoren inventiret, und, so man will, versiegelt werden. Darnach muß sich seine nachgelassene Witwe mit Vormündern versehen, und in sechs Monath Bergen und Dachdings auftragen, sofern als sie beerbt; und muß also Haus, Erbe und Güter, mit einem Rock und Heuken, nicht dem besten, auch nicht dem ärgsten, (d. i. in ordentlicher und mittelmäßiger Kleidung) räumen."

(1) Klefekers Samml. der Hamb. GG. IV. 556. f.

(2) *Gütschow* de studiis Lubecens. §. XI. *Balemann* de femina p. 216. G. F. *Buchholtz* de quae-

quaestione, an et quatenus parenti superstiti in communione bonorum universali — testari liceat? §. 7. add. Eisenharts Grundsätze des Deutschen Rechts in Sprüchwörtern. 2. Abth. n 16. §. 3. C. F. *Walch* d. de communione bonorum inter conjuges Muhlhusanos. §. 19. in *Ej.* opusc. T. 3 1793. S. 207. *A. F. Förtsch* de jure liberorum circa bona parentum, secundum jus Lubecense. Wismar. 1774. §. 13. und 37. sq.

(3) L. R. III. 1. art. 10. Klefeker IV. 715. *Bünecknu* bibl. j. Lub. p. 122. Vorzüglich ist hiebei nachzusehen Pütter in d. Rechtsfällen 1. Th. S. 261. f. Dreyers Einleitung zur Kenntniß der Lübeckschen Verordnungen, S. 304. n. XXVII. f. C. N. Carstens Beitrag zum Deutschen Rechte durch einen Versuch einer Erklärung des art. 10. tit. 1. Lib. 3. des Lübeckischen Stadtrechts, besonders vom Bergen und Dachdings auftragen. Lübeck 1796. 8. — Bergen heißt retten, in Sicherheit sezzen; und auftragen, cediren, übergeben; Dachdings auftragen, bonis cediren. Die Stammworte des Worts: Dachdings: sind Dach, tectum, domus; und dings, judicialiter. Sich bergen und Dachdings auftragen heißt also, sich in Sicherheit setzen, und das Haus (d. i. das Vermögen, den ganzen Nachlaß, die ganze Masse der Güter, oder, wie es in art. 10. heißt, das Haus, Erbe und Güter) gerichtlich übergeben.

Anhang.

Anhang.

I) Herzogl. Verordnung d. d. Schwerin am 3. May 1765. (zum §. 1.)

„Wir befehlen euch, (Bürgermeistern, Gericht und Rath der sämmtlichen Städte) hiemit gnädigst, die dortigen Schutzjuden, wann sie nicht würklich in Unsern Diensten stehen, (denn diese sind von der städtischen Jurisdiction eximiret) in allen Civil- und besonders auch Schuldsachen lediglich nach dem dortigen Stadt-Recht, gleich den andern Bürgern, in rechtlicher Ordnung zu behandeln.

An dem rc.

II) Herzogl. Verordnung d. d. Schwerin den 12. Junius 1765.

„Uns ist von den vier Deputirten der Judenschaft in Unsern Landen unterthänigst angezeiget worden, was maßen Unsere unterm 3ten vorigen Monaths erlassene Circular-Verordnung, nach wel-

welcher die Schutzjuden eines jeden Orts, gleich den Bürgern, nach Stadt-Recht behandelt werden sollen, von einigen Magisträten dahin gemißdeutet werden wolle, als wenn durch dieselbe die von uns hiebevor festgesetzte Jüdische Gerichte bei Streitigkeiten zwischen Juden und Juden, gänzlich wieder aufgehoben wären. Wir fügen euch demnach hiemit gnädigst zu wissen, daß gedachte Unsere Verordnung vom 3ten vorigen Monaths keinen andern Sinn habe, noch in Zusammenhaltung mit Unseren übrigen die Juden betreffenden Verfügungen haben könne, als daß in Fällen, da ein Jude von Christen in Schuldsachen belanget, oder Concursus creditorum eines Juden, vor einer Stadt-Obrigkeit anhängig gemacht worden, blos nach dem Stadtrecht, nemlich mit der Achthabung auf den Umstand, ob in dieser oder jener Stadt das Lübsche, oder die gemeinen Rechte gelten, also eine dortige Ehefrau zu den Schulden des Ehemannes das Ihrige mit hergeben müsse, oder sie davon befreiet bleibe? darin erkannt werden soll; womit also Unsere Verfügungen wegen der den Jüdischen Gerichten in Sachen zwischen den Juden und Juden competirenden Cognition und Entscheidung gar wohl bestehen, und hiemit zum Ueberfluß noch mahl bestätiget seyn sollen. Wornach :c. Datum auf Unsrer Vestung Schwerin, den 12ten Junius 1765.

III) Protocollum inventationis.

Actum G. d. 12. Sept. 1743.

in aedibus der Witwe Brandenburgen,

coram Dno Judice tutelari I. G. Balthasarn.

Praesent:

1) Die Witwe des seel. Joch. Brandenburg, geb. M. I. Bucken, mit ihrem erbetenen Beystande, dem Ältermann der Bäcker G. O.
2) Der Bräutigam Samuel Gösler und seine beiden Beistände, als dessen Stiefvater I. und sein Bruder G.
3) Des seel. Brandenburg hinterlassener Sohn I. I. Br., 13 Jahr, mit seinem leiblichen Vaterbruder, Joh. Br., mit den beiden von der Witwe und Freunden ernannten Vormündern, als dem Kleinschmidt V. und dem Tischler G.

Da die Witwe Brandenburgen dem Waisengerichte zu erkennen gegeben, wie sie mit dem Glasergesellen Samuel Göslern zur andern Ehe zu schreiten, mit Einwilligung ihrer Freunde sich entschlossen, und gebeten, daß ihres seel. Mannes Verlassenschaft halber Richtigkeit getroffen, und sie mit ihrem Sohne I. I. Br. wegen des Väterlichen auseinander gesetzet werden mögte; auch zugleich mit Genehmigung ihres seel. Mannes Mutterbruder, zwei hiesige Bürger, als den Kleinschmidt V. und den Tischler G. zu Vormün-

 dern

dern in Vorschlag gebracht, weil des Knaben Vaterbrüder, wegen Abwesenheit die Vormundschaft nicht führen könnten, diese beiden Männer auch vom Gericht approbiret und zur Confirmation E. E. Raths angenommen worden; und dann der heutige Tag zur Invention und Auseinandersetzung angesetzet worden, so ist man zum Werke geschritten, zugleich ist die Witwe nach hiesiger Waisengerichtsordnung auf ihr Gewissen vermahnet worden, ihres seel. Mannes Verlassenschaft getreulich anzugeben, zum Nachtheil ihres Kindes nichts zu verschweigen, sondern vielmehr das Beste desselben mit besorgen zu helfen, und da sie solches zu thun angelobet, sind auch die Vormünder ermahnet worden, für das Beste ihres Pupillen zu sorgen, und sich bei dieser Vormundschaft so zu verhalten, wie sie es vor Gott, ihrer Obrigkeit und Jedermänniglich zu verantworten sich getrauen können, dabei ihnen dann auch alle gerichtliche Hülfe benöthigten Falls versprochen worden. Und da obiges gleichfalls mit einem Handschlag von ihnen angelobet worden, so ist der Witwe angestellet, die Bestätigung der Vormünder bei E. E. Rath zu suchen, und ist also mit der Inventation verfahren, wie folget, und zwar zuvörderst

Tit. I. an Illatis.

Hat die Witwe ihrem seel. Manne I. Br. in die Ehe zugebracht angegeben:

1)

1) An Acker: $1\frac{1}{2}$ Morgen, in der Kiwits Hören im 8ten Schlage belegen.

2) An baarem Gelde: 10 Rthr., so noch vorhanden.

3) An Silber. — —

4) An Zinn. — —

Noch hat die Witwe gehabt, so aber ihr seel. Mann in seiner Profeßion verbraucht, davon sie sich die Erstattung aus dem Nachlaß ihres seel. Mannes vorbehält, —

4. Teller, a Stück $\frac{3}{4}$ Pfund.				3 Pf.
1. Kanne	=		=	$3\frac{1}{2}$ Pf.
1. Schüssel	=	=	=	6. —

5) An Betten: so noch Vorhanden. —

6) An Leinen: so noch vorhanden. —

7) An Mobilien: so noch vorhanden. —

Diese von der Witwe angegebenen Illata haben des seel. Brandenburgs gegenwärtige Freunde und insonderheit auch dessen gegenwärtig gewesene Schwester, die Witwe Struwsche, als würklich eingebracht, agnosciret.

Tit. 2. An Hochzeit = Geschenken.

Giebet die Witwe an, mit ihrem seel. Mann, nach ihrer beiderseitigen Hochzeit, welche sie damals zu gleichen Theilen ausgerichtet, empfangen zu haben.

1) An Silber: 10 silberne Löffel; wie solches die darauf befindliche Namen ausweisen, und

 noch

noch alle in natura vorhanden sind; an Gewicht $25\frac{1}{2}$ Loth, a Loth 26 ßl. = 13 ℳ 19 ß

2) An Zinn: 5 neue große zinnerne Schüsseln; am Gewicht 19 ℔.
5 große und 4 kleine Schüsseln; am Gewicht = 32 —
2 Große und zwei kleine Leuchter und 6 Teller; = = 12 —
2 Schalen, mit 2 Deckeln 6 —

a ℔ 10 ß, macht für 69 ℔ 14 ℳ 18 ß

3) An Meßing: 3 Kessel; am Gewicht mit dem Seil, 6 ℔ a 8 ß 1 „ 4 „

Summa — 29 ℳ 13 ß

Diese Hochzeits-Geschenke sind noch in natura vorhanden und bezeugen gegenwärtige Freunde, daß ihnen solches bekannt sey.

Hienächst ist man zur Inventation des seel. Jochen Brandenburgs Vermögen geschritten, wobei den zum voraus verabredet ist, sich zugleich bei der Inventation über die Taxe eines jeden Stücks, nach vorgängiger Deliberation zu vereinbaren. Und da die Witwe mit ihrem Bräutigam sich erkläret, das gesammte väterliche Inventarium nach der zu vereinbarenden Taxe anzunehmen, gesammte Interessenten sich auch schon vorher besprochen, und der Witwe dieses bewilliget worden, weil andrer Gestalt zu verfahren, eben nicht für zuträglich befunden; das Haus, als das Haupt-

Hauptsächlichste auch nicht für den Sohn aufbehalten werden mögen, weil derselbe noch in jüngern Jahren, und man nicht wissen kann, wo und wann derselbe ein Haus benöthiget; indeß dasselbe vieler Raparation unterworfen, so ist ferner inventiret, wie folget:

Tit. 3. Die väterliche Verlassenschaft.

I) An Immobilien.

1) Das Wohnhaus in der Steinbecker Straße; bei des Kaufmanns Müllers Thorweg belegen; ist nach vorgängiger Berathschlagung endlich mit sämmtlicher Interessenten Genehmigung taxiret, und der Witwe und ihrem Bräutigam Samuel Gößlern zugeschlagen für . 275 ₰ —

2) Ein Garten; aus dem Fleischhauer Thor zwischen dem Organisten Würfeln und dem Kleinschmid Hassen, bei Vespers Scheune, im dritten Gange belegen. Dieser hat laut Kaufbrief vom 30 März 1731 gekostet . 20 ₰ —
als wofür er auch hier aufgeführt wird.

3) Ein Mannskirchenstand; unterm Thurm in St. Nicolai Kirche; bleibt dem Sohu zu eigen voraus; jedoch kann der Stiefvater ihn betreten

 Transp. 295 ₰ —

	Transp.	295 Rthlr. —
4) Ein Frauenskirchenstand; in St. Nicolai Kirche; zwischen den beiden Pfeilern an dem Gange gegen des General Müllers Begräbniß über; hat laut Kaufbrief vom 17 Jan. 1739 gekostet		17 Rthlr. —
als wofür er auch hier aufgeführt wird.		
II) An baarem Gelde: (außer den ihr zugehörigen 10 Rthlr.)		4 „ —
III) An Silber: an Löffeln rc. am Gewicht 23 Loth $1\frac{1}{2}$ Quent.		
Ein paar silberne Manns-Schuhschnallen. Diese werden dem Sohne gelassen; das übrige Silber aber in Natura unter beiden Erben getheilet.		
IV) An Zinn: — am Gewicht 75 ℔ a 10 ßl., macht		15 „ 30 ßl.
V) An Kupfer und Messing:		9 „ $34\frac{1}{2}$ „
VI) An Eisenzeug		— „ 35 „
VII) An Handwerkszeug: — — Dieses ist in Gegenwart der Vormünder von der Profeßion Kundigen taxiret zu		8 „ —
VIII) An Glaß:		18 „ 24 „
IX) An Bley: — — 12 ℔ a 35 ßl.		8 „ 36 „
X) An Betten: — —		
	Transp.	378 Rthlr. $15\frac{1}{2}$ ßl.

Transp. 378 ℛ 15½ ß

Weil diese zum Theil alt, so sind solche der Witwe gelassen worden, wogegen sie und ihr Bräutigam verspricht, ihrem Sohn, wann er dessen benöthiget seyn wird, ein neues Stand Betten auf 2 Personen zu geben.

XI) An Leinen: — —

Dieses wird der Witwe gelassen, und verspricht selbige das in der Anlage A verzeichnete Leinenzeug zu geben.

XII) An Kleidern: taxiret zu	8 „	— „
XIII) An Mobilien und Hausgeräth: Einzeln taxiret zu =	19 „	19 „
XIV) An Vieh: — einzeln taxiret, zu = =	18 „	34 „
Summa	424 ℛ	20½ ß

Wann nun solchergestalt dieses Inventarium mit beigefügter Taxe geschlossen worden, die Zeit aber nicht gestatten wollen, zur Theilung und Auseinandersetzung der Witwe mit ihrem Sohn zu schreiten, auch wegen des sonstigen Ausspruchs sich eines Gewissen zu vereinigen und zu verabreden; so soll zu solchem Ende nächstens ein Termin angesetzet, sämmtliche Interessenten dazu citiret und diese Sache völlig zum Stande gebracht werden.

In fidem protoc. subscr.
A. N. Schmidt, ut
Secretar. jud. tutel.

IV) Protocollum.

Actum G——, d. 6. Febr. 1744, coram Dno Judice Tutel. I. G. Balthasarn.

Da man heute zusammengekommen ist, um die Theilung zwischen des seel. Jochen Brandenburgs Witwe, jetzt verehelichte Göslern, und ihrem Sohn Joh. Jochen Brandenburg, nach Maaßgabe des Inventarii vom 12 Sept. 1743. zum Stande zu bringen, so werden

I) der Witwe die in dem Titel 1. specificirten Illata voraus bewilliget, weil solche von den Freunden und Vormündern für richtig anerkannt, und mehrentheils noch in Natura vorhanden sind.

II) Erhält die Witwe nach dem Tit. 2. von den Hochzeitsgeschenken die Hälfte, weil sie zu den Hochzeitskosten concurriret; die andre Hälfte gehöret zur väterlichen Verlassenschaft; wovon die Witwe und ihr Sohn die Hälfte, und also der Sohn $\frac{1}{4}$ Theil zu genießen hat.

III) Von dem Tit. 3. angeführten väterlichen Vermögen, zu 424 Rthlr. 20$\frac{1}{2}$ ßl. berechnet, wird annoch für 12 ℔ Zinn, deren Vergütung die Göslersche an ihren Illatis, sub. tit. 2., fordert, 2 Rthlr. 24 ßl. abgezogen; das väterliche Corpus bonorum bleibt also, außer, was nicht in der Summe ausgeführet ist, 421 Rthr. 44$\frac{1}{2}$ ßl.; davon die Mutter und der Sohn, jeder die Hälfte bekommt.

A)

A) der Sohn erhält also

1) von den Hochzeitsgeschenken, ex. tit. 2., ¼ in natura, oder in Gelde = 7 ℛ 15¼ ßl.

2) Ein Mannskirchenstand, ex tit. 3. Inventarii.

3) Die Hälfte von 23 Loth 1½ Qent., von dem Silber, so tit. 5. n. 3. specificiret ist, mithin 11 Loth. 3¾ Quent.
Desgleichen ein paar silberne Mannsschuschnallen.

4) An Betten, wie solche tit. 3. n. 10., versprochen worden.

5) An Leinen, wie solches tit. 3. n. 11. ausgesprochen worden.

6) An väterlichen Capital, die Hälfte von 421 Rthlr. 44½ ßl., mithin 210 Rthlr. 46¼ ß

B) Die Witwe, bekommt an Eingebrachten, und von ihres seel. Mannes Erbtheil, so sie insgesammt ihrem jetzigen Mann Göslern in die Ehe zugebracht, und woran ihr jetziger Sohn, J. J. Brandenburg, als am Mütterlichen, künftig mit Theil nimmt, folgendes:

1) ihre tit. 2. specificirten Illata, und sind ihr die daselbst verzeichnete 12 ℔ Zinn, vorgedachter maaßen, von der Summe des Inventarii vergütet worden.

2) An Hochzeitgeschenken, ihre Hälfte; und ¼tel; mithin ¾ in natura, oder 21 ℛ 45¾ ß

 3)

3) An Silber, so sie ex tit. 3. n. 3. von ihrem seel. Mann geerbet, nemlich die Hälfte von 23 Loth $1\frac{1}{2}$ Quent., mithin 11 Loth $3\frac{1}{4}$ Quent.

4) An Capital, von ihres Mannes Verlassenschaft, · 210 ℳ $46\frac{1}{4}$ ß

Hienächst ist verabredet, daß die Göslersche und ihr Mann ihren Sohn und Stiefsohn das Gläser-Handwerk lernen lassen, und so lange der Knabe bei ihnen ist, an Kost und Kleidung erhalten; auch frei ein- und ausschreiben lassen; und endlich, wenn er Gesell wird, ein Gesellen-Kleid geben wollen. Dagegen behält der Stiefvater das Capital so lange ohne Zinsen; wann aber der Sohn aus seinem Brode von ihm kömmt, entrichtet er ihm davon landübliche Zinsen. Womit dieses Protocoll geschlossen, und beiden Theilen die Abschrift des Protocolls bewilliget worden ist.

In fidem protocoll. subscr.
A. N. Schmidt, ut
Secretar. jud. tutel.

V) Protocollum,

Actum G——, d. 11. Sept. 1766.
coram Dno Judice tutel. D.

Wann der Gläsermeister Samuel Gösler angezeiget, wie er nach dem Absterben seiner Ehe-

frau

frau, gebohrne Bucken, der ehemaligen Witwe Brandenburgen, sich deren Verlassenschaft halber, mit seinem Stiefsohn Joh. Jochen Brandenburg, welcher sich in Danzig niedergelassen, auseinander setzen wolle, so ist, nachdem gedachter Brandenburg, den hiesigen Bürger und Altermann Zornow zum Bevollmächtigten, laut Anlage A, zu dieser Auseinandersetzung bestellet, der heutige Terminus dazu angesetzet.

Der Meister Gösler zeiget an, wie das Vermögen seiner verstorbenen Ehefrau, der ehemal. Witwe Brandenburgen, welches sie ihm in die Ehe zugebracht, in den unterm 12. Sept. 1743. und 6 Febr. 1744. beim Waisengericht abgehaltenen Inventations- und Theilungsprotocollen specifice festgesetzet worden sey; wornach also die gegenwärtige Auseinandersetzung zu reguliren seyn würde.

Zuvörderst aber müsse er berichten, wie sein Stiefsohn Brandenburg, nicht allein seine väterliche Erbportion, welche in den vorgedachten Protocollen bestimmt worden, laut Quitung sub B, sondern auch überdies alles dasjenige, was ihm von seiner seel. Mutter wegen, an Betten und Lein zukäme, bereits erhalten habe, wie dessen gegenwärtiger Bevollmächtigte Z. würde bezeugen können. Außerdem habe er, laut Anlage sub C, an seinen Stiefsohn Brandenburg, zum Voraus auf Abrechnung seines mütterlichen Erbtheils, 77 Rthlr. 16 ßl. hiesigen Geldes, übersandt.

Nach-

Nachdem der Altermann Z bezeuget, daß dem Stiefsohn dasjenige, was demselben von seiner Mutter wegen, an Betten und Lein zugekommen, übersandt worden; so hat man in Anleitung vorgedachter Protocollen, den Nachlaß der verstorbenen Ehefrau des Glaser Meisters Gösler, nachstehendermaaßen festgesetzet, und darnach die Theilung desselben, zwischen dem Vater, dem Meister Gösler, und seinem abwesenden Stiefsohn, Joh. Jochen Brandenburg, wie auch seinem leiblichen Sohn, David Gösler, regulire.

I) Was die verstorbene Ehefrau des Meisters Gösler, ihrem ersten Ehemann Joch. Brandenburg in der Ehe zugebracht, und ihr bei ihrer zweiten Heirath mit Meister Göslern, zum voraus zugetheilet worden, bestehet:

1)	in 1½ Morgen Acker, im 8ten Schlage des hiesigen Stadtfeldes. Dieser Acker ist von zwey hiesigen Ackersleuten, welche vom Meister Gösler und dem Altermann Zornow, zu Taxatoren erwählet, taxiret worden, zu = = wofür Gösler den Acker annehmen will;	140 ℛ	—
2)	an baarem Gelde, =	10 „	—
3)	An Silber: — hat gewogen 32 Loth; a 28 ßl. =	18 „	32 ßl.
4)	An Zinn: 36¼ ℔; a 28 ßl.	8 „	20 „
5) u. 6)	Betten und Lein: ist dem Stiefsohn bereits gegeben worden.		
	Transp.	177 ℛ	4 ßl

Transp. 177 Rthlr. 4 ßl.

7) An Mobilien: Auch hievon hat der Stiefsohn schon seinen dritten Theil erhalten.

8) Von den Hochzeitsgeschenken, welche nach den angeführten Protocollen zu 29 Rthlr. 13 ßl. taxiret sind, sind der Verstorbenen 3/4tel zugekommen, mithin = = 21 „ 45 3/4 „

= 199 Rthlr. 1 3/4 ßl.

II) Was die verstorbene Mutter, ihrem zweiten Ehemann, Meister Gösler zugebracht, und sie von ihrem ersten Manne geerbt, ist folgendes:

1) an Silber: 11 Loth 3 1/4 Quent. a 28 ßl. = = 6 „ 42 1/2 „

2) an Capital, von ihres ersten Mannes Brandenburgs Verlassenschaft, . 210 „ 46 1/2 „

Summa: 416 Rthlr. 42 1/2 ßl.

Hierauf bringet Meister Gösler in Abrechnung:

a) Die Beerdigungskosten seiner seel. Frau; betragen laut Anlage D. = 33 Rthlr. 40 ßl.

Transp. 33 Rthlr. 40 ßl.

Transp. 33 Rthlr. 40 ßl.

b) Die Kosten, welche er in der letzten Krankheit seiner seel. Frau verwenden müssen, welche nach der Anlage E, 14 Rthlr. 32 ßl. betragen. Auf Zureden des Gerichts hat er sich dieser Forderung begeben.

c) Die gegenwärtigen Gerichtskosten = = 1 „ 36 „

= 35 Rthlr. 28 ßl.

Von der Theilungsmasse von 416 Rthlr. $42\frac{1}{2}$ ßl.
gehen also ab die vorbenannten 35 „ 28 „

Die Theilungsmasse besteht also in 381 Rthlr. 14 ßl.

welche zu drei gleichen Theilen, zwischen Meister Göslern, seinem eigenen Sohn, David Gösler, und seinem Stiefsohn Brandenburg zu vertheilen ist. Ein Jeder von ihnen erhält also zu seinem Erbtheil = = 127 Rthlr. $4\frac{2}{3}$ ßl.
Der Stiefsohn hat aber schon auf Abschlag dieses Erbtheils empfangen = = = 77 „ 16 „

mithin gebühren ihm noch in allem 49 Rthlr. $36\frac{2}{3}$ ßl.

Es hat jedoch Meister Gösler zuvörderst den an der Stadt zu erlegenden Zehnten, sowohl dieser Erbschaft halber, als auch wegen desjenigen, so gedachter Stiefsohn am Väterlichen erhalten, wel=

welches sich an baarem Capital auf 210 ℔ 46¼ ßl. beläuft, zu entrichten, und sich deshalb bei der Löbl. Cammer zu melden.

Wann nun hiedurch zugleich dasjenige, was dem Sohn des Gläsers Gösler, David Gösler, aus seiner verstorbenen Mutter Verlassenschaft rechtlich gebühret, obgedachtermaaßen bestimmet worden, so wird solches, als ein mütterlicher Ausspruch desselben, von Gerichtswegen genehmiget. Womit dieses Protocoll beschlossen und den Interessenten die Abschrift desselben bewilliget worden.

In fidem subsc.
I. A. B.
Secretar. judic.

VI) Protocollum.

Actum G——, d. 11. Sept. 1766.

coram Dno Judice tutel. D.

Da der hiesige Bürger und Amtsmeister der Gläser, Samuel Gösler, angezeiget, wie er, nachdem seine Ehefrau, geb. Bucken, gestorben, sich wieder zu verheirathen, zugleich aber mit der Person, mit welcher er das neue Ehebündniß eingehen wolle, eine gewisse, seine künftige Verlassenschaft betreffende und zum Beßten seines Sohns voriger Ehe, David Gösler, abzielende Vereinbarung unter gerichtlicher Autorität zu treffen entschlosschlossen wäre, so ist der heutige Terminus dazu angesetzet worden.

Wie nun gedachter Meister G., wie auch dessen Braut S., verwitwete L., nebst dem, von E. E. Rath ihr zugeordneten Curator, dem Amtsmeister der Schneider, S., ihrem leiblichen Bruder, erschienen; so zeigt ersterer an: wie er sich entschlossen, mit der Witwe L., seiner jetzigen Braut, eine anderweitige Ehe einzugehen; und mit ihr die Verabredung genommen hätte, vorher eine Art der Ehestiftung, und zwar in Absicht seiner künftigen Verlassenschaft zu errichten. Er wolle nemlich, daß diese anderweitige Heirath seinem Sohn erster Ehe, David, welcher jetzt 18 Jahr alt wäre, nicht nachtheilig und zugleich alle zwischen demselben und seiner künftigen Stiefmutter etwa zu besorgenden Uneinigkeiten aus dem Wege geräumet werden mögten. Er habe sich daher mit seiner Braut dahin vereiniget, daß sie in dem Fall, wenn er vor ihr sterben, und sie als eine unbeerbte Witwe hinterlassen sollte, statt der ihr aus seiner Verlassenschaft gebührenden statutarischen Portion, eine Summe von Einhundert Reichsthaler jetziger Münze zur eigenthümlichen Disposition erhalten, und in der Maaße mit seinem Sohn erster Ehe sich aus einander setzen solle. Außer diesen 100 Rthlr. solle dieselbe gleichfalls alles, was er ihr vor, oder während der Ehe an Kleidung, Mobilien und Sachen schenken würde, als ihr Eigenthum behalten. Alles übri-

ge

ge aber, was nach Abzug dessen, sich bei seinem Ableben in seiner Verlassenschaft finden würde, sollte seinem Sohn David allein verbleiben; und seine Zukünftige Ehefrau daran keine Ansprache zu machen haben, sondern mit den gedachten 100 Rthlr., und demjenigen, was er ihr etwa schenken würde, — welches letztere jedoch nur auf die benöthigte Kleidung, und andere zu ihrem Gebrauch zu überlassende Sachen zu beschränken, nicht aber auf beträchtliche Geldsummen zu erweitern wäre, — abgefunden seyn. Er sey versichert, daß, gleichwie seine jetzige Braut hiemit zufrieden wäre, also sein Sohn diese seine Disposition für sich nicht nachtheilig, sondern vielmehr vortheilhaft befinden würde, da seine künftige Ehefrau, wann er sie als eine unbeerbte Witwe hinterließe, den Rechten nach, die Hälfte, mithin ein weit mehreres von seinen Gütern, als was er derselben jetzt aussetze, erhalten würde. Sollte übrigens seine künftige Ehefrau bei seinem Ableben von ihm beerbt seyn, so würde alsdann seine Verlassenschaft nach hiesigem Stadtrechte zu reguliren seyn.

Nachdem vorstehende Erklärung des G., dessen Braut und ihrem Curator bekannt gemacht, und sie beide verständiget worden, wie ohne eine besondre Vereinbarung, nach lübschem Rechte einer unbeerbten Witwe die Hälfte der Verlassenschaft ihres Ehemannes zustünde, und sie also vernommen worden, ob sie solcher gesetzlichen Verordnung

nung jetzt in Absicht der künftigen Verlassenschaft des G. entsage, und mit demjenigen, was derselbe ihr, statt der statutarischen Portion, zu bescheiden sich erkläret hätte, zufrieden seyn wolle; so hat die Witwe L., mit Einstimmung ihres Curators sich dahin geaußert, wie sie gegen die Disposition ihres Bräutigams nichts zu erinnern habe, sondern, da sie unter solcher Bedingung ihm die Ehe versprochen, völlig zufrieden wäre, wenn ihr auf den Fall, daß er sie, als eine unbeerbte Witwe hinterließe, statt der ihr nach Lübschem Rechte gebührenden Hälfte seiner Güter, 100 Rthlr. jetziger Münze, zur eigenthümlichen Disposition ausgekehret, auch ihr anneben dasjenige, was sie etwa vor oder während der Ehe an Kleidung und sonstigen Sachen zu ihrem Gebrauch geschenkt erhalten, gelassen würde. Und wie sie diesen Vertrag nach ihren Umständen mit gutem Vorbedacht einzugehen sich entschlossen hätte, so entsage sie auch wissentlich und wohlbedächtlich demjenigen, wa das Lübsche Recht in Absicht einer unbeerbten Witwe und deren Portion geordnet habe, also, daß sie nach Ableben ihres künftigen Ehemanns an dessen Verlassenschaft überall keine weitere Ansprüche machen, sondern alles, was außer dem ihr ausgesetzten übrig seyn würde, dessen Sohn erster Ehe, David Gösler, überlassen wolle.

Der Gläser M. G. acceptirte vorstehende Erklärung seiner Braut und ihres Curators und bit-

bittet, diese errichtete Vereinbarung von Gerichtswegen zu bestätigen.

Conclusum: Es wird die vorstehendermaaßen zwischen dem Gläsermeister G., und dessen künftigen Ehefrau, der Witwe L., mit ihrem Curator, getroffene Vereinbarung hiedurch von Gerichtswegen bestätiget, auch beiden Theilen die Abschrift dieses Protocolls bewilliget.

In fidem subscr.
I. A. Battus,
Secretar. judicii tut.

VII) Urtheil.

(Zum §. 27. n. 2.)

In Sachen des Bürgers und Schustermeisters G., uxorio nomine, Querulanten, wider seine Schwiegermutter, die Wittwe K., cum curatore, ihre Söhne Jochen und Johann K., und ihren Schwiegersohn, den Schneider B., in G., Querulaten, wegen Theilung des väterlichen Nachlasses, erkennen

Wir Burgermeister und Rath der Stadt Loitz auf Rath der Rechtsgelehrten für Recht:

Daß die Witwe K. sich nicht entziehen könne, mit ihren Kindern wegen der väterlichen Verlassenschaft Richtigkeit zu treffen, und in dieser Absicht nicht nur den öffentlichen Verkauf des zu dieser Verlassenschaft gehörigen Wohnhauses mit

Zubehör, — falls die Erbinteressenten wegen dessen Werth und Ueberlassung an Einen von ihnen, in Güte sich nicht vergleichen könnten, — zu gestatten, sondern auch ein mit einem Eide zu bestärkendes genaueres Verzeichniß des väterlichen Vermögens, als bei den Akten befindlich ist, beizubringen verbunden sey. Eben so wenig können die K—schen Kinder sich entziehen, die conferenda mit Zinsen in der Maaße zu conferiren, daß der Zins darauf entweder von der Todeszeit des Vaters, oder von der Zeit, da sie solche nach dessen Ableben erhalten, berechnet werde. Hienächst versteht es sich von selbst, daß Querulant eine Hausmiethe zu bezahlen, und die C—sche Schuldforderung von 100 Rthr. mit den Zinsen, ohne Zuthun der übrigen Miterben, zu tilgen verpflichtet, dagegen aber auch die Erstattung der erweislichen nothwendigen und nützlichen Baukosten zu begehren berechtiget sey.

Und wie derselbe wegen seiner an den minderjährigen Johann K. habenden Forderung sich an denselben und dessen Erbtheil zu halten hat, so kann hingegen die Witwe K. sich nicht entziehen, dem Querulanten entweder die geforderten Verpflegungsgelder zu vergüten, oder auch rechtlicher Art nach, innerhalb 4 Wochen zu erweisen, entweder daß sie ihm alle mögliche Dienste geleistet, so daß er nicht nöthig gehabt, sich eine Dienstmagd zu halten, oder daß sie einen schlechten Unterhalt bei ihm genossen habe. Wonächst sodann über

über diesen Punct weiter, was Rechtens ist, erkannt werden soll. V. R. W.

Publicatum in Senatu,
Loitz, den 26. August. 1783.

Entscheidungsgründe.

Obgleich nach Lübschem Rechte 1) eine Witwe, so lange sie im Witwenstande bleibt und das gemeine Gut ordentlich verwaltet, nicht gezwungen werden kann, mit ihren Kindern, Erbtheilung zu halten, sondern letztere vielmehr verbunden sind, ihre Mutter in dem Besitz und Genuß der gemeinschaftlichen Güter zu lassen, und in Gedey und Verderb mit ihr zu bleiben, so kann doch diese Verordnung des L. R. auf den gegenwärtigen Fall keine Anwendung finden, da Kinder, die zu ihren mündigen Jahren gekommen, oder sich verheirathen, auf die Theilung des von ihrem Vater hinterlassenen Vermögens dringen können, und im vorliegenden Fall sämmtliche Kinder, bis auf den Joh K. mündig sind, und ihre eigene Wirthschaft haben.

Jedoch hängt es 2) von der Mutter ab, ob sie entweder das ganze gemeinschaftliche Vermögen theilen, und dann die Hälfte davon nehmen, oder ob sie, nach Vorwegnehmung ihres Eingebrachten, blos die väterliche Verlassenschaft zur Theilung bringen, und in diesem Fall mit Kindestheil zufrieden seyn wolle.

Es mag aber 3) eine Total- oder Partialtheilung vorgenommen werden; so bleibt es stets eine

Pflicht der sämmtlichen Kinder, ihre Mutter zu unterhalten und zu verpflegen, wenn solche ihren nothdürftigen Unterhalt aus dem durch die Theilung erhaltenen Vermögen nicht sollte nehmen können.

Da 4) das Wohnhaus mit Zubehör der Ueberrest des gemeinschaftlichen Vermögens und das einzige Object der Theilung ist, so muß dasselbe entweder zur Taxe gebracht, und nach solcher mit gemeinschaftlicher Einwilligung Einem von den Miterben zugeschlagen und ihm dabei aufgelegt werden, die übrigen Miterben sofort zu befriedigen, allenfalls aber ihnen auf ihre Erbtheile sichere Caution zu bestellen, und die Erbgelder zu verzinsen, oder es bleibt, bei nicht erreichter Vereinbarung, zur Erforschung des wahren und höchsten Werths, kein andres Mittel, als der öffentliche Verkauf des Hauses an eine sichere Person übrig. Diese öffentliche Versteigerung kann die Witwe durch ihren Widerspruch nicht hintertreiben, da ihr Schwiegersohn G. und ihr Sohn Jochen K. auf die Erbtheilung dringen, und sie sich dieser nicht widersetzen kann.

Eine Schuldigkeit der Witwe war es 5) gleich nach dem Tode ihres Mannes ein Inventarium von dem Vermögen aufnehmen zu lassen, wenn sie darin besitzen bleiben wollte. Da sie dies unterlassen, so muß dieser Mangel jetzt durch eine genaue und eidlich zu bestärkende Specification ergän-

gän-

gänzet werden. Dafür kann jedoch die von ihr beigebrachte Designation nicht gehalten werden; indem darin ihres Mannes Mobiliarvermögen, baares Geld, ausstehende Forderungen u. s. f. nicht einzeln angegeben, auch nicht nach dem Zustande beschrieben worden, worin es sich zu seiner Todeszeit befunden.

In dieser Specification gehöret 6) auch nur dasjenige, was Jochen K. und ihre verehelichte Tochter Maria B., bei Lebzeiten ihres Vaters erhalten und zu conferiren verbunden sind. Alles hingegen, was 7) diese, und ihre Tochter Dorothea G., nach des Vaters Tode empfangen, muß besonders angegeben und nicht in jener Specification verzeichnet werden. Denn die Richtigkeit dieser conferendorum kann 8) nicht durch den Eid der Witwe, sondern muß auf eine andere Art erwiesen werden, wenn sie behaupten will, daß ihre Tochter Dorothea G., diese oder jene conferenda erhalten; so wie diese allenfalls durch die Eidesdelation, deren sie sich auch bedienet hat, beweisen muß, daß ihr Bruder Jochen K., und ihre Schwester Maria, verehelichte B., ein mehreres erhalten haben, als angegeben worden.

Daß 9) die conferenda, die Jochen K. und Maria B., bei Lebzeiten ihres Vaters erhalten, mit den Zinsen conferiret, und diese von der Todeszeit des Vaters an, gerechnet werden müssen, leidet keinen Zweifel. Eben so wenig kann es 10) bedenklich seyn, daß die nach des Vaters Ableben erhaltenen conferenda mit Zinsen conferiret werden müssen, da die Kinder solche aus dem gemeinschaftlichen Vermögen erhalten und unter Kindern eine Gleichheit beobachtet werden muß, die aber wegfallen würde, wenn die Zinsen nicht mit berechnet werden sollten, obgleich der eine mehr, als der andre vorzüglich erhalten hat.

Aus diesem Grunde muß auch 11) G. sich eine Hausmiethe anrechnen, die allenfalls nach der für das Haus gebotenen Summe von 300 ℛ zu 15 ℛ angesetzet werden könnte; wovon aber ⅓tel für die Witwe, die gleichfalls in dem Hause gewohnet, wieder abgerechnet werden müßte.

Ueberdem aber muß 12) die Witwe zuvor erweisen, daß G. die Miethe für die im Hause vermiethete Stube und für die Hauswiesen, welches er in Abrede gesetzet, erhoben. Sollte dieser Beweis nicht beizubringen seyn, so würde von jenen 15 ℛ, die für die Stube und Wiesen erhobene Miethe abzuziehen seyn.

Hingegen ist 13) G. berechtiget, von seiner Schwiegermutter eine mäßige Vergütung für den ihr gegebenen Unterhalt zu fordern, und wir müssen gestehen, daß, wenn er ihr solchen auf den Tag zu 2 ßl. anrechnet, dieser Ansatz nicht unbillig zu seyn scheinet. Sollte indessen 14) die Wit-

we

we zu erweisen im Stande seyn, daß sie die im Hause vorgefallenen Arbeiten verrichtet, und er deshalb nicht nöthig gehabt, eine Dienstmagd zu halten, oder daß sie bei ihm einen schlechten Unterhalt genossen; so würde diese Forderung des G. ganz, oder doch größtentheils wegfallen.

In Absicht der C—schen Schuldforderung versteht es sich 15) von selbst, daß dafür die Erbschaft nicht haftet, indem diese Schuld nicht mit Einwilligung der Erben gemacht, und die geliehenen Gelder auch nicht zum Nutzen der Erben und der Erbschaft verwendet worden.

Und wenn gleich 16) die Witwe, um G. zu dieser Anleihe zu verhelfen, den Hausbrief zum Versetzen hergegeben; so hat sie doch, als Frauenzimmer, wegen des Vellejanischen Rathschlusses, nicht einmal sich zur Zahlung verpflichten, und noch weniger als Besitzerin des gemeinschaftlichen Vermögens, die übrigen Erbinteressenten zur Zahlung verbinden, das Haus aber mit keiner Hypothek beschweren können.

Man mag endlich 17) den G. als Miterben, oder als Miethsmann des Hauses betrachten, so ist er stets berechtiget, die darauf verwandten nothwendigen und nützlichen Kosten zurückzufordern. Dazu ist ein Jeder befugt, der solche Kosten auf eine gemeinschaftliche, oder fremde Sache verwendet hat.

Wegen seiner an den Johann K. habenden Forderung aber, muß er 18) sich an denselben und dessen Erbtheil halten, da diese Schuld, wie G. selbst anerkannt hat, überall keine Erbschaftsschuld ist. Greifswald, den 9. August 1783.

S.

VIII) Protocollum judiciale.

Geschehen B. den 19. April 1776.

In Gegenwart
des Kaufmanns J. und dessen Ehefrau, imgleichen des Kaufmanns K. als ehemaligen Curatoris derselben; so wie auch
des Kaufmanns O. und C., als Vormündern der Kinder.

Da nach Verkauf einiger zum Nachlaß des Verstorbenen gehörigen Immobilen nunmehr die Auseinandersetzung der zur andern Ehe geschrittenen R. mit den Kindern ihres verstorbenen Ehemans vorzunehmen, so ist zu diesem Zweck heute ein Termin angesetzt worden.

A) Das Activvermögen bestehet

1) in den im Inventario aufsummirten . . . 3574 Rthlr. 15 ßl.

2) Dazu kommt ex Tit. 1. für das an die Witwe mit Einwilligung der Vormünder überlas-

Transp. 3574 Rthlr. 15 ßl.

	Transp.	3574 Rthr. 16 ßl.
sene Wohnhaus mit Zubehör das verabredete Quantum von		1900 — — —
3) das Kaufgeld für die Scheune, laut Protocoll = =		180 — — —
4) Aus dem Ein Achtel Part aus dem Nschen Schiff sind noch eingekommen	123. 24.	
wovon jedoch die Assecurance in Abzug kommt mit = =	32. 13.	
Es bleiben also noch = =		91 — 11 —
5) ex Tit. 17. an Activis =		700 — — —
6) Für das ein Achtel Antheil in dem Oschen Schiff, das erhobene Kaufgeld von = =		200 — — —
7) Für das ein Achtel Antheil in dem Fschen Schiff, das Kaufgeld von = =		500 — — —
macht zusammen =		7145 Rthr. 26 ßl.
B) An Passivis kommen in Abzug		
1) ex Tit. 18. des Inventarii =	373. 12.	
2) An verschiedenen Kosten, laut Rechn. sub A.	26. 4.	
Transp.	399. 16.	7145 Rthr. 26 ßl.

Transp. 399. 16. 7145 Rthlr. 26 ßl.

3) Noch an Passivis, so sich nach der Inventur ergeben, und von der Witwe bezahlt sind 8. 13.

407 — — —

Zur Theilung des väterlichen Nachlasses bleiben also = 6737 Rthlr. 45 ßl.

und erhält davon

1) Die Witwe den vierten Theil mit = 1684. 23¼

2) Die Tochter erster Ehe ¼ mit 1684. 23¼

3) Die Tochter 2ter Ehe, D. M. ¼ mit 1684. 23¼

4) Die Tochter 2ter Ehe C. ¼ mit 1684. 33¼.

6737 Rthlr. 45 ßl.

Und bleibt den letzten Kindern das im Inventario verzeichnete Pathengeld in Natura.

C) Das Eingebrachte der Witwe, ist von ihr, da es blos in Mobilien bestanden, gleich bei der Inventur zurück behalten.

D) Die Theilung der in der Anlage B. verzeichneten Hochzeitsgeschenke, ist zur Zeit ausgesetzt, da die Witwe behauptet, daß ihr solche allein gebühren, weil von ihrer Seite allein die Hochzeit ausgerichtet sey.

End-

Endlich ist verabredet, daß, so lange die Kinder bei ihrem Stiefvater und Mutter verblieben, und ordentlich erzogen würden, dem Vater keine Zinsen abgefordert werden sollen; und daß, da die Erbtheile der Kinder bei ihrem Stiefvater und dessen jetzigen Ehefrau stehen bleiben, den Kindern das unschädliche Eigenthumsrecht an dem Hause vorbehalten werde. Auch erklärte sich die Mutter cum curatore, daß das Vermögen der Kinder, in jedem Falle dereinst ihrem Eingebrachten vorgehen, und sie mit ihrem Vermögen als Selbstschuldnerin haften wolle, als wozu sie um die Ansetzung eines Termins bitten müßte.

Nach geschehener Vorlesung und Genehmigung ist dieses Protocoll geschlossen.

Zur Beglaubigung
schr. und unterschr.
K. als Secretair.

Zusätze.

Seite 40. Zeile 5. Nach (z), *add:* Ist aber der überlebende Ehegatte zur andern Ehe geschritten, und hinterläßt a) unabgefundene Kinder der zweiten Ehe, so schließen diese die abgefundenen Kinder erster Ehe aus. Ist b) die zweite Ehe unbeerbt, so erhält der überlebende zweite Ehegatte die statutarische Portion.

S. 58. Z. 16. Nach 96. f. *add:* Sind beide Eltern gestorben, so fält der Nachlaß auf die sämmtlichen unabgefundenen Kinder, die nach geschehener Conferirung der conferendorum den Nachlaß zu gleichen Theilen unter sich theilen, wofern nicht die Eltern ein Testament hinterlaßen und ein oder das andre Kind nur in den Pflichttheil eingesetzet haben.

S. 83. Z. 8. Nach (l), *add:* so daß der Vater seine Kinder nur vom Mütterlichen, oder die Mutter solche nur vom Väterlichen abtheilet, und solches hinlänglich versichert, im übrigen aber die Nutznießung behält, so lange er, der Vater, oder sie, die Mutter, die Kinder im Hause behält und alimentiret, und bis diese ihre eigene Wirthschaft anfangen, oder die Töchter sich verheirathen. Wobei gewöhnlich aus Vorsicht, — die jedoch an sich, da durch die particulaire Theilung die Gütergemeinschaft, folglich die vermöge dieser Gemeinschaft zustehende Succeßion nicht aufgehoben wird, überflüßig

flüßig zu seyn scheinet, — den Kindern die künftige väterliche oder mütterliche Erbschaft vorbehalten wird. Das übrige nicht getheilte Vermögen behält der abtheilende parens und die partialiter abgetheilten Kinder theilen solches nach des Vaters oder Mutter Tode a) wenn Kinder zweiter Ehe vorhanden sind, mit diesen und dem zweiten Ehegatten (ihrem Stiefvater oder Stiefmutter) zu gleichen Theilen, nach den Köpfen; oder b) wenn in der zweiten Ehe keine Kinder gezeugt sind, mit dem zweiten Ehegatten zur Hälfte, wenn nicht bei der zweiten Heirath wegen der statutarischen Portion eine besondere Verabredung getroffen ist. Die künftige zweite Ehegattin aber, die dergleichen Vertrag eingehet, muß mit einem Curator versehen seyn. (S. Anhang N. VI. S. 159.

S. 95. Z. 8. von unten, statt auch, l. m. I.) Kinder.

S. 96. Z. 8. von unten, nach (l). *add*: Ist die zweite Ehe unbeerbt, so wird der Nachlaß des Verstorbenen zwischen den Kindern erster Ehe und dem zweiten Ehegatten, ihrem Stiefvater, oder Stiefmutter zur Hälfte getheilt.

S. 97. Z. 8. von unten, l. m. des aussprechenden und im Witwenstande gebliebenen Ehegatten

S. 97. Z. 5. von unten, nach (z) *add*: Ist der abtheilende Ehegatte zur zweiten Ehe geschritten, und diese ist a) beerbt, so schließen die unabgefundenen Kinder der zweiten Ehe, die abgefundenen Kinder erster Ehe aus. Ist b) die lezte Ehe unbeerbt, so erhält der zweite Ehegatte, (der Stiefvater, oder die Stiefmutter) die statutarische Portion, wenn nicht ein andres verabredet ist.

S. 4. Z. 13. l. m. Domanial —
— 7. — 20. — portiones statutariae Lubecenses.
— 39. — 9. von unten, nach Kinder, *add.* oder Kindeskinder.
— 64. — 11. statt Responsum v. 9. Aug. 84. l. m. Erkenntniß, N. VII.
— 70. — 14. nach 1785. *add.* vergl. Gildemeister de commun. bonor. 1777.
— 108. — 3. l. m. Ausschließung.
— 124. — 1. — vollbürtigen Geschwister a.
— 136. — 16. nach N. VII. *add.* *Leyser* spec. 344. m. 7. 8. 9. — Zuweilen werden einige Grundstücke und Aecker in Natura unter die Erben getheilt; hingegen andere Immobilien müßen verkauft werden, weil eine natural Theilung derselben nicht thunlich, oder die Erben solche Grundstücke nicht annehmen wollen, oder nicht können, indem sie nicht im Stande sind, den übrigen ihre Antheile auszuzahlen; oder weil Schulden vorhanden sind, die ohne Verkauf einiger Immobilien nicht getilgt werden können, da das Mobiliarvermögen zu unbedeutend oder in Natura getheilt ist; oder weil die Theilung nicht zu Stande gebracht werden kann, ohne etwas baares Geld in Händen zu haben. Sind nun einige Erben noch unmündig und wollen die Vormünder die Immobilien nicht ohne ein Veräußerungsdecret des Raths subhastiren laßen, so wird solches auf Bitten des Waisengerichts vom Magistrat ertheilt.
139. Z. 1. von unten, *add.* Philipp Wilhelm Gerken Vermischte Abhandlungen aus dem Lehn und Teutschen = Rechte, der Historie 2c. 1 Th. Hamburg und Güstrow 1771. S. 216.

FSC
www.fsc.org
MIX
Papier | Fördert gute Waldnutzung
FSC® C083411

Kolibri 360 GmbH
Ferdinand-Jühlke-Straße 7
99095 Erfurt, Deutschland
produktsicherheit@kolibri360.de